3・4・5歳児 造形表現が深まるヒント

一人ひとりの表現に寄り添う
環境・援助が見えてくる

はじめに

　「どう指導したら、こういう絵の具の活動ができますか?」以前勤務していた園を訪れる方々が必ず口にする質問に、「うちの先生たちは美術家ではなく保育者ですから、子どもたちとたくさん遊ぶ中から子どもたちの表現を導き出しています。豊かな園生活が豊かな表現活動につながる」「いい造形表現をしているんじゃなくて、保育がいいからいい表現が生まれる」と園長が答えていたことを思い出します。

　子どもの提案や視点を取り入れて保育をしていくと、同じ素材でもいつも同じ活動になるわけではなく、様々な展開になります。年齢や子ども一人ひとりの個性、クラスの雰囲気などによってその年その年の保育が現われます。

　本書では保育現場での事例を写真やエピソードとともに紹介し、目の前にいる子どもたちの姿や興味から保育のねらいを考えて、環境や援助を考えられるようになっています。また、造形の基礎を押さえながら、発達や必要に応じて技術を伝えていくことも紹介しています。保育者である私たちは固定観念にとらわれず、目の前にいる子どもたちと一緒に感じて考えて行動し、自分の理論をもち、子ども一人ひとりと向き合いながら、保育、表現活動を楽しめる大人でありたいと思います。本書が皆さんの保育・表現活動のヒントになることを願っています。

池田純子

contents

序章

8　乳幼児期の造形表現
　　プロセスで捉える乳幼児の造形表現
　　感じて、考えて、行動する
　　生活の中の造形表現

20　**第1章　自然や人と関わる**

キーワード

22	春の自然との出会い	草葉花／園庭／遊びの始まり
26	好きな場所を見つける	居場所／園庭・砂場／関わりの始まり
28	人との関わりを楽しむ	草葉花／関わりの始まり／遊びの始まり
30	生き物との出会い	虫／出会い／遊びの広がり
32	梅雨らしさにふれる	雨／砂土泥／にじみ絵
35	**column** 梅雨期だからこそ	
36	植物を感じて表現する	草葉花／栽培活動／遊びの広がり
38	夏の遊びを体験	色水／泡／砂土泥
40	心も遊びもダイナミックに	水／プール／関わりの始まり
42	**column** 園外での自然体験	
44	暑い季節を感じて遊ぶ	水／砂土泥
46	砂の感触と表現	砂／道具・用具／園庭
48	全身で泥粘土に向き合う	泥粘土／感触／偶然の発見
50	秋の恵みを感じて楽しむ	草葉花／枝・木の実
54	"影"を感じて・試して	光・影／偶然の発見／遊びの広がり
56	冬の訪れを感じる	雪・氷／園庭／偶然の発見
58	人との関わりを深める	居場所／仲間との関わり

11	様々なものとの出会い	
	生活・遊びの中で	
	不思議！ おもしろい！ を実感　〈自然／道具・素材／描画材〉	
14	ものとの関わり	
	子どもと素材（もの）との関わり	
	ものとの対話	
	想像やイメージにふれる	
	想像やイメージが膨らむ	
18	子どもの育ちと造形活動の発達段階	

62　第2章　"描きたい"表現を見つめる

キーワード

64	つなげるっておもしろい!!	様々な描画材／園庭／室内
66	どこで描く？ 何で描く？	好きな場所／関わりの始まり／遊びの広がり
70	表現の仕方もいろいろ	道具・用具／手足・全身／絵の具
74	丁寧に大胆に素材と関わる	手足・全身／ダイナミック／絵の具
78	描きたい気持ちを感じ取って	色作り／道具・用具／絵の具
80	column 「描かせる」「写生」ではない	
82	写るっておもしろい！	草 葉 花／写す／絵の具
86	身近な生き物を表現	虫・動物／様々な描画材／遊びの広がり
92	観察や体験から表現に	経験／様々な描画材／遊びの広がり
96	column 様々な染めを体験	

3

98 第3章 素材との関わりから始まる表現

100	素材と関わる環境構成	
102	大量の物を並べる・積む	様々な素材／大量の素材／仲間との関わり （キーワード）
108	工夫して表現する	組み合わせ／イメージを共有
112	一つの素材で遊び込む	様々な素材／イメージを共有／仲間との関わり
118	様々な素材と出会う	様々な素材／イメージを形に
121	column 素材を集める	
122	アイディアを形にしていく	見立てる／組み合わせ／木材
126	行事との関わりを楽しむ	経験／見立てる／組み合わせ
133	column 子どもの生活と行事	

134 第4章 "ごっこ遊び"を通して表現を楽しむ

136	3歳児のごっこ遊びで大切にしたいこと	
138	何かになるって楽しい！	様々な素材／見立てる
140	経験をイメージにする	経験／道具・用具／イメージを共有
142	4歳児のごっこ遊びで大切にしたいこと	
144	イメージを実現していく	イメージを形に／イメージを共有／様々な素材
146	空想の世界を楽しむ	イメージを形に／イメージを共有／遊びの広がり
148	5歳児のごっこ遊びで大切にしたいこと	
150	遊びも仲間との関わりも広がる	イメージを共有／仲間との関わり
152	本物にふれる経験も！	本物にふれる／遊びの広がり／仲間との関わり
154	想像の世界で遊び込む	イメージを共有／遊びの広がり／仲間との関わり

※138の「何かになるって楽しい！」横に「キーワード」の吹き出し

 巻末 column

156 造形の深まりを考える中で… 保育者が変われば園が変わって子どもが育つ

158 様々なつながりを考える

キーワードの一覧

目次の「キーワード」は、特にその紹介テーマで押さえている内容です。
ページの検索時の参考としてご覧ください。以下、キーワードの一覧です。

場所・人
園庭、室内、砂場、居場所、好きな場所、プール、関わりの始まり、仲間との関わり

動植物・自然
草葉花、枝・木の実、栽培活動、虫、動物、雨、水、砂土泥、泥粘土、雪・氷、光・影

道具・用具
様々な描画材、道具・用具、手足・全身

技法・表現内容
色水、絵の具、色作り、泡、にじみ絵、感触、写す

遊びの内容
遊びの始まり、出会い、遊びの広がり、偶然の発見、ダイナミック、経験、本物にふれる、イメージを共有、イメージを形に

素材関係
様々な素材、大量の素材、木材、組み合わせ、見立てる

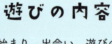

本書の見方・特長

子どもの姿
時期・時季、季節、テーマに関連する子どもの姿や押さえておきたいポイントから紹介。探しやすい「キーワード」つき！

造形のPOINT
実践での考察を交えながら、どのような育ちにつながっているかなど、「保育のねらい」として参考に！

環境・援助のPOINT
遊び始めや事前に、クラス全体として押さえておきたい環境・援助、考え方を紹介！

保育計画のヒントになる！
子どもの姿や興味・関心からどのような視点（ねらい）で、環境構成や援助が考えられるか、活動の流れが見えるようになっています！

保育のヒント
子どもたちがより遊び込めるような「実践のヒント」「環境のヒント」「援助のヒント」を紹介。配慮点についても押さえています！

序章 乳幼児期の造形表現

プロセスで捉える乳幼児の造形表現

　「造形表現」と聞くと、「絵を描く、ものを作る」と考える人もいますが、それは造形表現の一部に過ぎません。乳幼児期の造形表現は、結果としての「作品」を中心に捉えるのではなく、活動のプロセス全体で捉える視点が必要です。乳幼児は、描きたいものや作りたいもののイメージが最初にあるわけではなく、身近な人やものと出会うことで、全身の感覚を働かせて「感じて」、「考えて」イメージが膨らみ、ものに向かって「行動」します。

　子どもはものを通して"心地良さ"を感じると、気持ちや心が安定します。そして、人に知らせ、見せたくなります。この時に知らせたい人は、身近にいて"安心できる人"である保育者や保護者などです。子どもの気持ちを受け止め、一緒に喜んだり、認めたりすると、子どもは自分の行動が伝わることをうれしく感じ、もっと伝えようとまた素材に向かいます。

　このように乳幼児の造形表現は、「感じて、考えて、行動する」という一連のプロセスで捉えると、「人やもの」との関わりを通してコミュニケーションの役割をもち、心豊かな世界とつながっていることが分かります。そして保育者や保護者などの安心できる人に共感的に受け止められることで、子どもの「自己肯定感」を育んでいることが保育者も実感できるのではないでしょうか。

感じて、考えて、行動する

「感じて、考えて、行動する」という表現の活動過程（プロセス）は特別なことではなく、子どもも大人も日々の生活の中で行なっており、下記の①のように示すことができます。

◆「感じる」：周りのものの情報や刺激を、目で見る、皮膚で触れる、口でなめる…などによって自分の感覚器官で受け止めて（input）様々なことを感じる
◆「考える」：脳で「ああしたい」「こうしたい」と思い・考える（image）
◆「行動する」：一番強い思いを、言葉や身振りや音、ものに託して行動を通して表す（output）

表現の活動過程は「感じて、考えて、行動する」というプロセス全体が循環して継続するので、右の①では、循環する矢印で表しています。

こうした表現の様々な行動の中でも、ものに託して表現する「もの化」は、具体的なものが残るので、「こころ」を読み取りやすいといえます。描いた線の強弱、太い細い、長短などに「こころ」が現れます。また、素材を変形させることにも「こころ」が現れます。たとえば、子どもが安心して土の感触の心地良さに浸っている時は、土山や泥団子を穏やかに、また丁寧に触るので、滑らかな表面が見られます。一方、イライラしたり、怒っている時には、友達の作っている土山を踏みつぶしたり、泥を投げつけたりして、荒々しい土跡が残ります。また、紙は身近な素材として描いたり作ったり、いろいろな場面で活用されますが、描いた上を何度も破れるまで激しく塗りつぶしたり、ビリビリと破いて内面の感情を吐き出す場合もあります。保育では、ポジティブで創造的な表現だけでなく、不安、怒り、悲しみなど、ネガティブな「負の感情」も含め十分な心の表現ができる環境が大切です。心の表現を受け止め、分かってくれる人と関われることが、子どもの心の安定につながります。

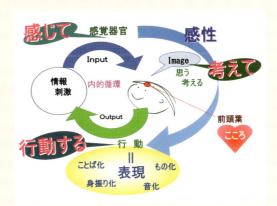

※① 感じて、考えて、行動する（幼児造形教育研究会「研究員のための研究講座：平田塾」資料）

乳幼児期の造形表現

生活の中の造形表現

　日常生活にこそ、子どもの成長発達や興味・関心が反映されています。生活全体から子どもたちの行動（行為）を見つめて、造形表現を捉えていくことから始めましょう。子どもの興味・関心や育ちの順序性が見えてきて、それが子ども主体の保育のスタートになります。

●触れる・感じる

　子どもたちは、日々の生活の中で、いろいろな「もの」に出会います。見たり触ったり、五感を働かせて探索したりして、関わり合うことから、見立てや発想が広がっていきます。子どもが「もの」との新鮮な直接体験を通して自己の感性を再認し、表現する喜びや楽しさを実感している姿を捉えることは、柔軟な思考や子ども理解を深める上で、大人にも大切な視点です。

●人と関わる

　乳幼児期の造形表現は、保育者や他の子どもと関わっておもしろさや感動を共有することによって、一層イメージが広がり、次の遊びや表現につながっていきます。豊かな保育展開を図るには、その子なりの関わりや思い、表現などを大切にしましょう。また、一人ひとりの表現を見つける視点、子どもの気持ちをくみ取る対応、その子の思いをみんなにつなげる援助などの柔軟な関わりが求められます。

乳幼児期の造形表現は「衣食住」全てにわたる生活と密接につながっており、生活の中から様々な気付きや遊び・表現が生まれています。

※②　生活「衣・食・住」の中の造形（幼児造形教育研究会「研究員のための研究講座：平田塾」資料）を基に本書の写真にて作成

様々なものとの出会い

生活・遊びの中で

　生活や遊びの中で子どもは、様々なものと出会い、色や形、感触、硬さなど、ものの性質を全身で感じ取ります。そして心地良さや驚きを感じ、その子なりの気付きや発見をします。こうした様々なものとの出会いによる探索的な活動や素朴な表現は、全身を使った総合的な学びであり、造形表現として捉えていく視点をもつことが大切です。

　目の前にいる自園の子どもたちと一緒に、様々なものを全身で感じ、子どもたちが見つけた「不思議！」や「おもしろい！」を実感し、保育に取り入れましょう。

　生活や遊びの中の様々な「もの」との出会いからイメージが広がり、自分の思いや願いを描いたり作ったりして表現につながっていきます。

不思議！ おもしろい！ を実感

自然

　子どもたちは、季節の変化や身近な動植物などの自然にふれ、美しさや不思議さ、命の尊さなどに気付いていきます。自然との出会いは、子どもたちの感性に働きかけて、「もっと触れてみたい！」「遊びたい！」という気持ちを引き出し、原風景としての感動を生みだします。

　子どもたちは草花や生き物、陽だまりの温もりや空の大きさなどの多様で身近な自然と出会うことで、春の草花や新緑の青葉、秋の木の葉や木の実などを、ケーキのトッピング、ショーごっこのチケットや髪飾りにするなど、豊かな遊びにつなげていくのです。身近な自然に目を向けて、自園の子どもたちとゆっくり自然に浸り、子どもたちが見つけた「不思議！」や「おもしろい！」を一緒に感じる視点を大切にしたいですね。

様々なものとの出会い
不思議！おもしろい！を実感

道具・素材

　身の周りの道具や素材（もの）は子どもたちの好奇心を刺激して、「おもしろそう！」「触ってみたい！」「使ってみたい！」「遊びたい！」という気持ちを引き出します。砂、土、泥、粘土、紙、布、段ボール箱など、応答性に富んだ素材に触れると、多様に変化する不思議さに、好奇心が高まりイメージが広がっていきます。同じ素材（もの）に出会っても、感じ方や関わり方は人それぞれ違います。子ども一人ひとりの「見つけた姿」や表情、個性に気付く保育者の感性が大切です。玩具や子ども向けの道具とは違う、大人が使っている道具やものも、子どもたちは遊びに取り入れようとします。一人ひとりの興味・関心を大切にして、危険のない限り子どもが感じる世界を大切に見守りたいですね。

紙

紙に描いたり、全身を使って感触を楽しんだりと、様々な表現につながります

砂・土・泥・粘土

自然と関わり、感触の変化を楽しめます

道具・用具があることで遊びの幅が広がります

いろいろなもの

様々なものとの出会い・ふれあい

紙テープ

つるしたり、棒に付けたりすると風になびく様子が伝わります

箱

積み上げる、組み合わせるなど年齢に合った関わりが生まれます

段ボール箱

中に入ったりトンネルのようにくぐり抜けたり全身で関わります

描画材

　子どもたちは乳児の頃から、保育者の環境の準備や年上の子の描く様子に興味をもつと、クレヨンや太いペン、絵の具などの描画材に触ってみようとします。やがて、色が付くことに気付き、意図的に触ったり、描くことを楽しんだりするようになります。この時期には、一人ひとりの握る力や興味に応じて、場所や描画材を用意し、安心して描いて遊べるような援助が大切です。

　幼児期には、友達と一緒に絵の具でフィンガーペインティングや、スタンプ遊びなどを十分に経験すると、表現は一層ダイナミックになります。筆でも手でも自由に感触を楽しみながら思い切り表現できる環境を用意しましょう。屋外で友達と一緒に描く環境として、大きな紙やボード、ストレッチフィルムなどを用意することも「おもしろそう！」「やってみたい」という気持ちを高めます。

　また、子どもたちは屋外遊びの中で、アサガオの花の色水の美しさや、乾いた地面にじょうろで垂らした水が線になることを「発見」したり、地面に指や靴の先で線や形ができる「おもしろさ」にも気付きます。このような、子どもたち自身が色・線・形などを「発見」し、「不思議！」「おもしろい！」と感じる"様々なものとの出会い"にも共感して楽しみたいですね。

ものとの関わり

子どもと素材（もの）との関わり

　毎日の遊びや生活の中で、「様々なものと出会う」「試してみる」「使いこなす」「自分から使いたくなる」などの姿から、保育者は子どもが興味をもち、楽しいと感じていることを受け止めて、それぞれに応じた援助や準備を心がけることが大切です。右記の③は、様々な素材のもつ特性を示しています。紙や、粘土、砂・土は、柔らかさから硬さまで、幅広い特性があり、子どものいろいろな気持ちや心に対応することができる応答的な素材として重要です。子どもの心がゆだねられる素材が大事です。

　子どもたちが扱いやすく、身近な素材や用具を下記にまとめました。日頃の保育の振り返りとして、様々な「もの」との子どもの姿や気持ちを記入してみましょう。記入内容を検討することで、今まで用意していた素材の偏りや、これから準備する必要のある「もの」などへの気付きが生まれます。

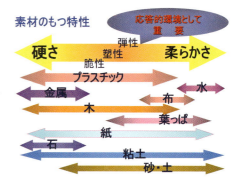

※③　素材のもつ特性（幼児造形教育研究会「研究員のための研究講座：平田塾」資料）

子どもと「素材・用具」との関わり

- ●あなたが見た、子どもの「素材との関わり」「用具との関わり」に印をつけましょう。
- ●記入欄に子どもの姿やあなたの感じたこと、考えたことなどを記入したり、写真を添付しましょう。
- ●他にも印象に残ったことがあったら、追加しましょう。

紙	□ 新聞紙・クラフト紙 □ 段ボール □ 画用紙（白・色） □ フラワーペーパー □ その他（　　　　） 　　記入欄	画材	□ クレヨン・パス □ フェルトペン □ 鉛筆（黒・色） □ その他（　　） 　　記入欄	□ 水彩絵の具 □ アクリル絵の具 □ ポスターカラー □ 筆・水入れ	砂・土・粘土	□ 砂・土 □ 土粘土 □ 油粘土 □ 紙粘土 □ その他（　　） 　　記入欄
接着剤	□ のり（種類：　　） □ 木工用接着剤 □ スティックのり □ その他（　　） 　　記入欄	粘着材料	□ セロハンテープ □ ビニールテープ □ クラフトテープ □ その他（　　） 　　記入欄	自然物	□ 水 □ 植物（種類：　　） □ 石 □ 貝 □ その他（　　） 　　記入欄	その他	□ 紙箱・紙筒 □ 布・ひも（種類：　） □ 空き容器・キャップ □ 道具（種類：　　） □ その他（　　） 　　記入欄

ものとの対話

　子どもたちは、空き箱や新聞紙、砂、段ボール箱、木の葉など、いろいろな「もの」に心が動き、全身で関わることで、心地良さを感じ、「ものとの対話」を充実させていきます。この時、どの子どもも全力で遊ぶことができる十分な量の素材があるといいですね。具体的に何かを作るというよりも、その子がやってみたいことに挑んだり、試し、ものと体が対話する姿が大切です。こうして素材と安心して関わり、感じて、遊び、「ものとの対話」を十分に納得するまで体験する中で、イメージが生まれ、やがて、自分の思いや願いを描いたり、作ったりして表現するようになります。P.14の素材や用具を参考にして、どのようなものとの対話ができるかを柔軟に考えて取り入れてみるといいでしょう。

ものとの関わり

想像やイメージにふれる

　子どもたちは最初からイメージがあって遊ぶのではなく、まず全身で素材と関わりながら、心地良い時間を過ごします。素材と仲良しになるには、そんな時間が大事です。やがて想像や見立て、イメージが広がり、目の前の素材を何かに見立てながら、イメージの世界を表現する姿が見られます。そして、遊びを通して友達にも気持ちが伝わり、イメージを共有して遊んでいきます。

　周囲のしぐさに気付いて（観察）、自分もやってみよう（意欲）と、全身で挑戦して（身体性）、まねしたり、まねされたりしながら互いの思いやイメージにふれ、刺激し合い、一緒に工夫や探究を楽しんで遊びが充実していきます。遊びの中に数えきれないほど多くの学びと楽しさがあります。友達関係から遊びが豊かに広がることは、園ならではのかけがえのないもの。子どもたちのイメージの世界を壊さないように、そっと見守りましょう。

想像やイメージが膨らむ

　園生活の中で互いに刺激し合いながら楽しい共通体験を積むことによって、友達とイメージを重ねるうちにおもしろさも膨らみます。変身やごっこ遊びのイメージも明確になっていき、作っては遊び、補修や追加をしては、また遊ぶ、というように創意工夫する姿が多く見られるようになります。一人では扱えない大きな段ボール箱や木材、布といった材料も、友達と協力しながら、遊びに取り入れることができるようになっていきます。

　作って遊びながら想像やイメージが膨らみ、「もっと高くしたい」「これも使いたい」などの気付きが生まれ、目的に合わせて自分で材料を選び、加工して試行錯誤しながら取り組む姿こそ、主体的な活動です。「一人ひとり」も「みんなで」も大切にしていきたいですね。

劇団やお店屋さんなど、始めは別々だった遊びがしぜんとつながり、自分たちで遊びを広げています。

遊びの拠点になっている木を保育室に作っています。楽しい共通の体験があるからこそ、友達とイメージを重ねるのがおもしろい！

子どもの育ちと造形活動の発達段階

子ども主体の楽しい保育を行なうには、発達についての視点が大切です。成長の著しい乳幼児期の造形的な表現活動では、身体や言語などの全人的な発達とともに、心の発達が周囲の者との人間関係を広げ、描画やつくる活動の発達を促します。子ども主体の遊びや豊かな表現活動を育むことについて総合的な視点で捉えることが欠かせません。

		心の状態	描画の発達段階
0歳	0歳児クラス	これは何だろう？と身体すべての感覚で探求する時期	スクリブル（なぐりがき）期 1歳半〜2歳半頃
1歳	1歳児クラス		
2歳	2歳児クラス	形や色、動作からイメージして言葉と結びつく時期	
3歳	3歳児クラス		前図式期 カタログ表現
4歳	4歳児クラス	イメージがさらにふくらみ、具体的な話へと発展していく時期	
5歳	5歳児クラス		
6〜9歳	小学校		

※④　造形活動の発達段階『＜感じること＞からはじまる　子どもの造形表現』平田智久監修

下記の④に、心の状態や描画やつくる活動の発達を総合的に捉えてまとめました。発達には順序性があり、ほぼ同じ道筋をたどるといわれますが、年齢に一致するとは限りません。一つの目安として把握して、保育では、目の前の一人ひとりの子どもに応じた対応を心がけることが必要です。

「心の状態」の「これは何だろう？と身体すべての感覚で探求する時期」には感じていることや心の動きが視線やしぐさに現れます。それは全身による表現そのものであり、スクリブルやものとの対話などの描く、つくる活動の始まりといえるものなのです。

つくる活動の発達段階

ものとの対話
0歳〜3歳頃

象徴期
2歳半〜3歳頃

意味づけの時期
2歳半〜4歳頃

イメージが増幅している時期
4歳頃〜9歳頃

図式期
5歳頃〜9歳頃

0歳児クラス	0歳
1歳児クラス	1歳
	2歳
2歳児クラス	3歳
3歳児クラス	4歳
4歳児クラス	5歳
5歳児クラス	6〜9歳
小学校	

（教育情報出版）のP.28の図①を基に、各段階の本書の写真等を加えて作成

第 1 章 自然や人と関わる

植物・生き物とふれあう

　子どもたちの周りには様々な自然があります。園庭が広い、近くに山があるなど豊かな自然に恵まれている、都会で園庭はなくても公園に散歩に行くなど、園によっていろいろあると思います。雄大な自然も小さな自然も子どもたちにとっては大切な仲間です。関わり方や取り入れ方を工夫してたくさん関わってほしいと思います。

　自然は子どもたちの心を揺さぶり、イメージを膨らませ、表現へと導いてくれます。「お日さまって気持ち良いな」「雨がポツポツ降ってきたね」「お花屋さんができるよ」と五感で感じ、表現しようとします。感じて考えて行動する時、そばには仲間がいます。砂のケーキを草花で飾ったり、小さな花束にして友達にあげたり、何げない遊びの中に周りの人に信頼を寄せる安定した子どもの姿が見られます。

　また、身近な動植物と関わることで、仲間関係も表現も広がります。どんな生き物なら飼育できるか、どんな草花を植えるかを考えることは保育者の重要な役割となります。できることからでいいので、子どもたちの思いに共感して季節の恵みを受けながら、小さなやり取りから始まる子どもたちの表現を大切に育てていきたいですね。

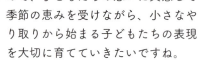

一人から、みんなへ

　子どもたちが目の前の素材と向き合う姿は、真剣そのものです。隣に仲間の存在を感じながら、自分で考えて行動する時間、友達と一緒に遊ぶ時間、どちらも大切にしたいものです。

　一人ひとりの興味や心持ちで様々な関わりが生まれていきます。友達の姿がイメージや行動を広げるきっかけとなり、自分も同じようにやってみようとする子が増えていきます。友達にまねされた子どもは、共感できたうれしさや、認められた喜びを味わっていきます。更に一緒に行なうことで、新しい遊びが生まれたり、大勢の仲間と意見を出し合って協力したりする遊びも展開していきます。一人ひとりの「個性の発揮」と、友達との「イメージの共有や広がり」の両方が体験できるのは、保育の場ならではのことでしょう。

21

第1章　自然や人と関わる

草葉花　園庭　遊びの始まり

春の自然との出会い

身近にある自然にふれ、遊びにつなげていく子どもたち。草花が子ども同士を結び付けてくれることもあります。自らの心を動かして遊び出せるような環境をつくっていくことが、その後の主体性の育ちにつながっていきます。

造形のPOINT
造形の深まりを育む

4月は新しい出会いの時期ですが、新入園児も進級児も不安や緊張が高まる時期でもあります。新しい生活を楽しくスタートできるように、友達や植物、様々な素材など、人やものとの関わりによる一人ひとりの心の動きを丁寧に受け止めることが大切です。

春を感じる

じょうろで花に水をやるのも、心和むひと時。それぞれの子どもが、心を動かして「やってみたい」と思える瞬間を受け止めましょう。

手のひらにそっと花びらをのせて。

「きれいでしょ！」持って帰るのを忘れないように靴箱へ。

環境・援助のPOINT
全てが遊びにつながる

子どもが自分で考えて自然物を遊びに取り入れることができるように、扱いやすい草花や葉、いろいろな容器などを用意しましょう。咲き終わった花びらを集めたり、畑の間引きなどを一緒に行なったりして、素材集めから遊びとして取り入れてもいいですね。園庭の小枝や花壇の雑草も、遊びの素材になります。

集めた花や草で小さな花束を作っています。

八重桜の花がたくさん落ちてきて、うれしさもひとしおです。

桜の花を名札に飾ってみたよ

援助のヒント
桜の木から花の形のまま落ちてきた花を拾うのがうれしくて仕方ないという思いや、自然と向き合う姿に寄り添いましょう。

一人ひとりが伸び伸びと

「大きいよね」「笛にもなりそう」と拾った花を手に持って楽しそうな二人。

「おねえさんたち、すごい！」と5歳児が作る花束に視線がくぎ付けの4歳児。

触りたい！集めたい！

園庭に画用紙やパス、ペンなどの描画材料があることで遊び方も広がります。

環境の ヒント

園庭には、自然物で楽しめるように、容器や道具などは十分な数を用意しましょう。また、描画材があることで、より遊びの幅が広がり、子どもたちの興味につながります。

園内のいろいろな環境に目を向けてみましょう。様々な形や感触の木々の葉も、楽しい造形素材になります。

新入園の３歳児たちもお料理大好き。一緒に遊んでいるようですが、まだまだイメージは一人ひとり違っています。

援助の ヒント

一人ひとりが向き合っている遊びの世界を大切に支えていきましょう。

本物のおかあさん
みたいだね

砂場のままごと遊びにはカラスノエンドウの実が活躍中。

園庭の台の上では、ハルジオンを包んで花束に。
お花屋さんの準備です。

戸外で解放的に遊ぶ

環境の ヒント

子どものすぐ近くに小さな花束用に小さな紙を準備することで、遊びが発展したりままごとに利用したり。子どもたちの気持ちをくみ取りながら援助していきたいですね。

きれいに並べたり、バランス良く飾ったりと、子ども自身で法則性を見つけて遊ぶ姿が見られます。それは、子どもたちが心を安定させている姿でもあるのです。

25

第 1 章 　居場所　園庭・砂場　関わりの始まり

自然や人と関わる

好きな場所を見つける

新年度の新たな環境の中で自分の心の拠り所を見つけたり、友達と一緒に楽しむ中で居場所を見つけたり。園内で一人ひとりが落ち着ける場所を探している時期でもあります。

造形のPOINT
あたたかい日ざしを感じる

園庭のあたたかい日ざしの下で、好きな場所や遊びを見つけて、子どもたちの表情がなごんでいます。新しいクラスや、園生活への期待と不安、緊張を感じているこの時期。園庭でその子の興味に応じて、ゆったりと好きな場所や遊びに取り組む時間が大切です。

好きな場所と友達

ここでひと休み、私にちょうどいいベッド!

園庭でおうちごっこをしていて、イスを並べたり、机を出したり…。自分用のベッドをウレタン積み木で作って、お日さまを浴びています。

そうだね

あと少しで、いっぱいだね

援助のヒント

園庭にくつろぐ場所を見つけたり、小さな生き物とふれあったり、友達とバケツに砂をいっぱい入れたりする姿から、その子その子の気持ちを読み取りたいですね。

環境・援助のPOINT

「遊びたい」「やってみたい」と思える場所に

園生活の中に自分から関わることのできる何か（もの・場所など）を見つけられるように環境や関わり方を工夫しましょう。公園や広場に出かけたら、危険がないように見守りながら、子どもたちが自分のやりたいことを探せるように関われるといいでしょう。

居場所づくりの環境

3歳児の保育室前に作った小さな砂山。緊張の続く3歳児には自分たちだけで遊べる場所があると安心です。

広い場所に行くと心も体も解放されます。子どもたちの遊びが広がるように、ボールなど飛ばせる物を持参して公園へ出かけましょう。

環境の ヒント

シャベルやお団子をさりげなく置いて遊びかけの雰囲気にしておくと、遊び出せなかった子も、ふと手を出してみたくなります。

環境の ヒント

使い慣れたものだけではなく、スコップなど進級児だからこそ扱える道具や、雨どいなど、友達との関わりがしぜんと生まれるような道具も用意してみましょう。

新学期は、進級児たちも不安や緊張を感じています。前年度の友達とのつながりをもとに、全身を使って遊びながら安心して園生活を取り戻せる場をつくりましょう。

27

第1章 草葉花 関わりの始まり 遊びの始まり

自然や人と関わる

人との関わりを楽しむ

自然とふれあう中で、周りの友達がしていることに興味をもつなど、友達との関わりから様々な表現が生まれます。「何をしているのかな？」「自分もやってみよう！」と、仲間がいることで始まる表現があります。

造形のPOINT
造形の深まりを育む

「"友達と同じ"うれしさを味わう」「友達に触発されて自分もやってみたくなる」「年上の子に憧れて挑戦してみたくなる」などのうれしさや意欲が生まれます。やがて緊張がほぐれ、新たな表現や造形の深まりが見られるようになっていくでしょう。

「どんな感じ？」「チクチクする？」感じようとする気持ちが手つきに表れます。

関わりが増えていく

「どうぞ」と5歳児からタンポポをもらって、涙が止まった3歳児。

タンポポの綿毛に必死に息を吹きかける友達の様子を、自分も飛ばしているかのように見つめています。

援助のヒント

保育者の温かい雰囲気もとても大切です。先回りせず、一人ひとりの思いを丁寧に受け止めましょう。

環境・援助のPOINT

自然を介して友達との距離を縮める

少しずつ環境に慣れ、だんだんとその子らしさが見えてきます。木々の葉がみずみずしい新緑へと変化するように、一人ひとりが伸びやかに自分を出せる日常をつくれるように関わり、援助をしていきましょう。一人の時間も保証しながら友達や保育者との関わりも増やしたいですね。

だるまさんがころんだ！

実践のヒント

公園の樹にも様々な触り心地があることに気付いている子どもたち。ザラザラ、スベスベなどの感触を表す言葉も受け止めて、感じる心を大切にしたいですね。

やり取りを楽しむ

2人なら届くよ！

公園の太い樹の感触を全身で受け止めています。樹の感触だけではなく、友達と一緒に手を重ねてしっかりと幹を抱きしめて幹の太さを感じていることが伝わってきます。

5歳児たちが新入園児のために開いてくれたお花屋さん。

春の草花を使って様々にイメージが膨らみ、やり取りも活発になります。

第1章　自然や人と関わる

虫　出会い　遊びの広がり

生き物との出会い

ダンゴムシやテントウムシ、アオムシなど、子どもたちは様々な生き物を保育室につれてくることでしょう。毎年見られる光景でも、今年の子どもたちがどのように出会い、関わるか保育者も一緒に楽しみましょう。

造形のPOINT
小さな生き物への気付き

ダンゴムシの動きから気持ちを察し、なりきって遊ぶ中で得られた小さな生き物への気付きは、やがて自分とは異なる相手にも、それぞれの暮らしや感情があることを尊重して、楽しく共生していくための大切な体験といえるでしょう。

虫探しに夢中

園庭の畑（花壇）で幼虫探し。"手で触る"ばかりではなく、自分たちで作った入れ物にスプーンで入れて生き物への配慮も考えます。

「動いている？」「丸まっちゃったよ」

実践のヒント

どこで誰が何をしているのか、そっと見守りたい新年度の園庭。子どもたちの興味や関心を受け止めて、これから始まる保育に生かしていきたいですね。

「こんなにいっぱいいるよ！」
「ちょっとくすぐったいね」
手にのせてふれあいます。

環境・援助のPOINT

五感を働かせる

「何の虫?」「みんなで飼うならおうちはどうしよう?」と疑問が生まれた時など、見たいと思ったらいつでも見られる場所に図鑑を置いておきたいものです。虫の動きに目を見張ったり、手にのせた感触をおもしろがったりして、五感を働かせる姿を大切にしましょう。

環境・援助のヒント

ダンゴムシになりたいという気持ちを支えるために、材料を出したりピアノで伴奏したりすることで、毎日の遊びが充実するように援助していきます。

作ったお面をかぶり、ダンゴムシごっこが始まります。

ストローとモールで作った釣りざおをダンゴムシに近づけます。「上がってくるかな?」手を器用に使い、真剣な表情で見つめています。

ダンゴムシが大好き!

自分たちもダンゴムシになってみたくなった子どもたち。保育者のピアノに合わせてなりきります。「キャ!! 人間に見つかった」「丸まれ丸まれ〜」

「大好きなダンゴムシを描きたい!」生き物の特徴を捉えて描いていきます。

第1章 自然や人と関わる

　雨　　砂土泥　　にじみ絵

梅雨らしさにふれる

気温も湿度も高くなる梅雨の季節。"雨だから戸外に出られない"と消極的になるのではなく、雨だからこそできることを積極的に考えてみましょう。子どもたちは、雨の中で「やってみたい！」をたくさんもっているはずです。

造形のPOINT　雨にふれて

水たまりの中にそっと立つと、足の下に雲が映り、"逆さまの国"を発見！ジャンプすると、茶色のドロドロとした水に変わることや、雨水で潤う草花や雷、虹などの自然の美しさや不思議に気付き、夢中で遊びに取り入れる子どもたちの発想に寄り添いたいですね。

雨の日にも戸外へ

雨の日に図書館へ散歩。いつもより間隔を空けて、ゆっくりと歩きます。

歌に出てくる"逆さまの国"を発見！
「逆さまの国だ〜！　本当にあった！」

「ジャンプしよう！」「せーの！」「水が茶色になったよ。どうして？」と、水たまりで楽しむ子どもたち。

環境・援助のPOINT
雨だからこその活動を

いつもと違う風景や匂いが子どもたちの感性に働きかけます。雨ならではの発見・発想に寄り添い、場所や道具を確保しておきましょう。雨の日の外出は、子どもたちとの約束事や準備はもちろんですが、保護者へもお便りなどで準備のお願いをして協力してもらったり、活動の様子を知らせたりしましょう。

「足でどんって踏むと輪ができるよ」「やってみよう！」
一人の発見やつぶやきが仲間に伝わっていきます。

「踏んだら、タイヤから泥が出てきたよ！」
「もっと踏んでみて！」雨ならではの発見です。

シャベルで線が描けた！

「なんだかおもしろそう！」仲間が増えていきます。

雨ならではの発見

援助・配慮のヒント

雨の日ならではの発見に、保育者もハッとさせられます。5歳児の泥遊びはどんどん展開していきます。雨の中でもそれぞれの年齢での遊び方を見守りたいですね。濡れて滑りやすい所もあるので安全にも気を配りましょう。

雨を捕まえたい

和紙に水性ペンが「にじむ」ことに興味をもち始めた4歳児。小雨が降った日、「にじむ」ことを見通して、コーヒーフィルターに水性ペンで模様を描くことを提案します。

雨で濡れると、模様がにじむ様子を見て、「きれい！」「どうして？」と感動する子どもたち。実際に体験して、分かることがたくさんあります。

実践の ヒント

子どもたちの興味や関心に合わせた材料を準備。今、何をしたいと思っているのか、どんなことを楽しいと感じるのかを、保育者も一緒に感じる心をもちたいですね。

造形の深まり

にじむ

水性ペンで描いた模様に雨粒が当たるとにじみが広がり、色が変わっていく美しさは、透明度の高い水性ペンだからこそ。雨による偶然のにじみは思いもよらぬ形になり、様々な見立てや想像が広がります。大きな紙の上に並べることで、一人ひとりの作品や発想がみんなの活動へとつながっていくのですね。

「開いてみるとどうなるだろう？」と試したり、友達のまねをしてみたりと、工夫する姿が見られます。

梅雨期だからこそ

column

室内の遊びを充実

室内で過ごす時間が多くなる梅雨の時季。雨で戸外に出られない時間を、じっくりと取り組む時間にしてみましょう。一人ひとりの興味や関心に合わせて、素材・材料・道具・接着剤などと丁寧に関わる時間が、造形活動の基礎を育てていきます。

はさみの扱い

3歳児の6月頃は、はさみの扱いに慣れている子と経験が少なく扱いがよく分からない子の個人差が大きい時期です。思ったように切れずに困っている子は、指の入れ方が違う、刃先を自分の方に向けている、はさみを斜めに持っている、などの姿がよく見受けられます。グー・チョキ・パーなどで手指の開閉が身についていることが、はさみを開閉する際にも役立ちます。まずは、1回の開閉で幅の細い紙を切り落とす、切り込みを入れるなどを繰り返し経験することで、はさみの仕組みを実感して扱いに慣れていきます。訓練的にならないよう、遊びとして楽しく繰り返しながらはさみと丁寧に関わるなど、自由自在に紙を動かして自分の思った通りに切る力を身につけられるような支援が必要です。

落ち着いて、集中して、はさみを使う3歳児。6月にはこのような姿も見られますが、よく見ると、一人ひとり自分なりのはさみや紙の持ち方をしていることが分かります。

★まずは子どもたちの目の前で安全な持ち方・切り方を実際に見せて伝える

★切るための道具であることを伝える

はさみを使うときのルール
- 座って切る
- 刃を持ったり人に向けない
- ふざけたり振り回したりしない

雨上がり・晴れの日

雨上がりや晴れの日には、伸び伸びと遊ぶ活動を取り入れましょう。一人ひとりの「楽しい」に合わせて、自然物と関わったり、絵の具を楽しんだりするなどして、じっくりと遊ぶ時間がとれるといいですね。

雨上がりに外に出て、色水遊び。「こうすると色が出るよ」。自然の素材は子どもたちの工夫する意欲を引き出します。

晴れ間には戸外で絵の具をたっぷり含んだ筆の感触を味わいます。

第1章　自然や人と関わる

草　葉　花 ／ 栽培活動 ／ 遊びの広がり

植物を感じて表現する

園庭にある葉を触ったり、かぶったり…。子どもたちの感じ方や知りたい気持ちは様々です。つぶやきに耳を傾け、子どもたちのそれぞれの世界を邪魔しないように、気付いたことを仲間に伝える機会を大切にしましょう。

造形のPOINT
育てた野菜

四季折々の姿を見せる自然との出会いの中でも、自分たちで育てた野菜の収穫は格別です。食べたりよく見たり描いたりすることが楽しく展開しているのも、毎日自分たちで世話をしているからこそ。驚きと感動、美しさを表現しようと工夫する意欲が伝わってきます。

ザラザラしてる

傘にもなるかな？

「トゲトゲしてるよ！」壁に貼って大きさや形、触り心地の違いを感じています。

葉の違いを感じる

「よく見てみよう！」「筋がいっぱいあるよね」自分たちで作った双眼鏡で観察中。

環境・援助のPOINT

表現の仕方は一人ひとり様々

本物らしく描くことよりも子どもたちが感じたことを表現できるように援助していきましょう。観察してしっかりと小さな画用紙に描き込んだり、野菜の違いを表現できるように大きな画用紙に描き比べたりと、描きたい表現に合わせて環境を用意しましょう。

手で食べちゃおう

「いろいろなピーマンがあるね」

ぼくのだよ～

「切るよ！」「そっとだよ」

育てた野菜に愛情をもって

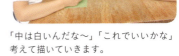

「中は白いんだな～」「これでいいかな」
考えて描いていきます。

園庭で栽培したミニトマトを収穫している3歳児。「これがおいしそうだよ」背伸びして、自分で選んで野菜を取っています。

大きさや色の使い方は、一人ひとり、感じたままの表現で。

「まだ緑色のも小さいのもあるね」
並べるとよく分かります。

37

第1章 　色水　　泡　　砂土泥

自然や人と関わる

夏の遊びを体験

春から続く色水遊びや泥んこ遊びも、夏を迎えるとダイナミックになってきます。気温の上昇で配慮すべき点も多いですが、こういうふうにすると楽しいよ、友達と一緒だともっと楽しいよと、子どもたちで楽しみ方を広げていきます。

造形のPOINT
人やものとの関わりから

夏は解放的な遊びを楽しみながら、自己主張をしていく時期。繰り返し水や泥、泡で遊びながら、友達の感じ方や考えの違いにも気付いていきます。「もの（水や泥、泡など）」を介して感性や人（友達）とのコミュニケーション力が育っていることに注目しましょう。

"色水"から遊びが広がる

色水のジュース屋さん。絵の具をほんの少し水に入れたり、水性ペン（乾いたプリンカップなどに描いてから水に溶かす）を使ったり。

紙テープやフラワーペーパーで作った色水。素材の特性が分かるようになると、様々な工夫をする姿が見られるようになります。

きれいでしょ

アサガオの花の色水のジュースは植物の優しい色合いで、とてもすてき！

そーっと、ペットボトルからペットボトルへ移して。こんな操作ができるようになった3歳児たちです。

38

環境・援助のPOINT

水と合わせる素材や水の量での変化を楽しむ

遊びが広がるような道具や用具、素材を用意しましょう。水と組み合わせる素材や水の量は、いろいろな感触を楽しめるように幾つか用意できるといいですね。直接触るのが苦手な子のために、道具を介して触るのもいいでしょう。また、段ボール箱で作った冷蔵庫があると、"冷たさ"のイメージが広がり、更に遊びが展開していきます。

冷蔵庫で冷やそ〜っと！

水と組み合わせる

土・泥

素肌でいろいろな感触を楽しみましょう。気持ちの良いトロトロの泥の感触は、みんな大好き！

泡

片栗粉

片栗粉を水で溶いて。押すと、キシキシとした固まりが、手で混ぜるとトローッと変化して、とても不思議な感触です。

ボディーソープと泡立て器を使った、泡コーナー。お風呂やソフトクリーム…とイメージが広がります。

配慮のヒント

泥遊びに抵抗のある子どももいます。まずは泡など、触れることに抵抗の少ない素材で楽しめるといいですね。

解放的な遊びに向かう子どもたちの心はとても伸びやか。絵の具遊びやお団子作り、いろいろな場所で友達と楽しむ歓声が聞こえてきます。

第1章
自然や人と関わる

水 ／ プール ／ 関わりの始まり

心も遊びもダイナミックに

園生活の中で自分を発揮できるようになり、友達との関わりが活発になる時期です。水遊びを楽しむなど、夏の自然体験を通して子どもたちはぐんとたくましく成長します。

造形のPOINT
真夏の出会い

子どもたちは水や泥に全身で関わり、仲間と夏の解放的な遊びを楽しみます。こうした活動は身体感覚の根っこを育みます。保護者もダイナミックな水・泥遊びなど、園ならではの活動に参加して、子どもの体験している解放感、遊びの楽しさを味わえるといいですね。

水を全身で感じる

水ほど多様な素材はありません。水の感触が心地良く感じられる夏。素肌を通して十分に遊ぶことが次の成長へつながります。

5歳児たちは、遊びや生活のやり取りの中で、かけがえのない仲間へと関係を深めていきます。

3歳児たちも、こんなにたくましい顔つきで遊びます。

40

環境・援助のPOINT

かけがえのない仲間と一緒だからこそ

水に抵抗がある子も仲間や保育者と一緒なら挑戦できることもあります。園の中で培ってきた信頼関係が発揮されるときでもあります。プールの大きさに合わせた遊具を準備したり、子どもたちの発想から必要な物を用意したりするといいですね。水遊びは安全対策が欠かせません。保育者も一緒に参加して遊びましょう。

プールで仲間と遊ぶ

水の中で列をつくり、グルグルと回って遊ぶ4歳児。いつものようには走れない中で、水の重さを感じています。

保育者がフープを持つ様子をまねる3歳児と、その間を通る5歳児。異年齢でこのように関われるのも、園生活で培った信頼関係のたまものです。

水が冷たくてなかなか入れないときには、保育者の背中に乗って水慣れをしました。それが徐々に遊びに発展。「背中に乗せて！」の声が毎日あがるように。

アーティスティックスイミング！？「足をもっとくっ付ければ、きれいになるよ！」友達と一緒に何かをつくり上げる力は、このような場面でも発揮されます。

環境のヒント

プールの大きさや年齢に応じて、安心して楽しめるように、また遊びが広がるような遊具を用意しましょう。

園外での自然体験

夏ならではの経験を！

　園によって園内・周囲の環境は様々です。園外保育や夕涼み会などの行事に合わせて、夏ならではの遊びを経験できる機会をつくりましょう。実際に行なうためには、園の実情に合った楽しみ方を考え、十分に環境や行動の安全を検討して、事前準備を進めることが大切です。

ペットボトルで作った舟で川を進みます。自分たちが乗れる舟を作る、実際に乗る、考えて作って行動する醍醐味を味わえます。

川の中を全力で走ります。いつもと違う感覚を楽しんでいます。

安全面の配慮

　園外保育を行なう際には、園の実情に合った楽しみ方を考えて事前に試し、十分に環境や行動の安全を検討して準備を進めることが大切です。必要に応じて、自然体験の専門家や指導員などが加わると安心でしょう。海や川、水場などは事前に下見を行ない、波や流れ、水深、足元など、十分に安全を確認すること、実施に当たっては活動をしっかりと見守ります。川遊びでは、安全を確認した上で、十分な人数の保育者や保護者にも協力をお願いし、上流と下流の川幅に合わせて川の中に並んで立ち、目を離さずに見守るなどの配慮が必要です。

友達との水にかけ合いも、全身を使ってダイナミックに！

column

夏の自然体験

　自然とふれあう体験は驚きや楽しさがいっぱいです。昆虫や魚、カニ、水辺の植物など、生物の命や自然の不思議との出会いは、もっと知りたいという探究心を高めます。そして、自分たちで作った舟に乗って川の中を進む楽しさ！　こうした自然体験を十分に楽しめるのは、一緒に生活し、遊んで共に成長してきた仲間たちと、安全に配慮して笑顔でしっかりと見守る保育者がいるからこそ。夏の自然体験を通して成長する子どもたちが楽しみです。

川の中の生き物をじっくりと観察。「何が見える？」好奇心が膨らみます。

「そっと取り出してみよう！」自然の中には、興味をかき立てるものがたくさんあります。

浮き輪やボートをつなげて引いてもらいます。乗る楽しみ、引く楽しみ、5歳児になると両方楽しめます。

43

第1章 　水　　砂土泥

自然や人と関わる

暑い季節を感じて遊ぶ

全身に汗をかきながら、暑い季節を感じ取っていきます。仲間と一緒だから感じ取れることや、泥の感触を味わいながら存分に遊ぶ時間をもちたいですね。保護者も参加すると、子どもたちの気持ちに共感してもらえると思います。

造形のPOINT
仲間と共に

仲間と水や泥で遊ぶうちに「もっとしたい」という意欲や、遊びの共通イメージが育ってきます。この時、自分たちで必要な材料や道具を選び、試せる環境が大事です。力を合わせてホースや古いタイヤなどを活用して、ダイナミックにチャレンジしていきます。

泥っておもしろい!!

「泥んこ水が跳ね上がるよ！」ビシャビシャになって、泥水と関わります。

「水をしぼると固まるよ」「本当だ！お団子ができるね」泥の中、全身で感じ取っています。友達の共感の言葉で自分の感覚が確かになります。

「いっぱい並べたいんだ！」「私も手伝おうか？」ちょうどいい硬さ、ちょうどいい大きさで、ちょうどいい場所に泥団子を並べる5歳児。友達と一緒にたくさん作っていきます。

環境・援助のヒント

全身で思い切り遊べるような環境を整えましょう。園庭の隅っこで遊ぶ姿をそっと見守るなど、子どもたちが見つけた遊びを受け止めていきましょう。

環境・援助のPOINT

泥団子作りから泥んこ遊びへ

最初から全身ドロドロには抵抗がある子どももいます。大好きな泥団子作りの延長に泥んこ遊びがあれば、きっと楽しくなるはずです。無理強いはせずに、小さな泥んこ遊びができる準備もして、いろいろな泥んこ遊びが楽しめるようにしましょう。きっと、仲間に誘われて遊び始めることと思います。

泥水で思い切り遊ぶ

泥遊びに保護者も参加！ 泥の感触の心地良さや、解放感あふれる楽しさ、そして、子どもたちにとって遊びがどれほど大切なのか、実際に体験してもらうのが一番説得力がありますね。

真夏の太陽を全身に浴びて、解放感たっぷりの泥遊びは、ぜひ、子ども時代に経験したいもの。

泥遊びはダイナミックな遊びだけではなく、植物や道具を組み合わせて遊ぶなど、イメージ豊かで繊細な遊びの様子もたくさん見られます。

築山、タイヤ、雨どいをうまく使って水路作りに挑戦！ 友達と確認し合います。

没頭してじっくりと土に向かう子どもたちは、とても落ち着いて安定しています。

配慮のヒント

泥遊びは、心が解放されるまでは、抵抗感のある子どももいるので、無理強いは禁物です。友達が遊んでいるところを保育者と一緒に見て、少しずつ身近に感じられるといいですね。

45

第1章　自然や人と関わる

砂　道具・用具　園庭

砂の感触と表現

友達と同じ思いをもつことがうれしく、力を合わせることが楽しくなってくる時期。会話を楽しみながら外でゆったりと遊べる日を大切にしつつ、砂の感触のおもしろさを感じ取っていきます。

造形のPOINT
力を合わせて

友達と積極的に砂で遊び、力を合わせる姿が生まれています。更に、水をためて自分たちで作った魚を泳がせて遊ぶなど、遊びの楽しさが広がっていくのも、みんなで力を合わせているからですね。

園庭で出会う

「そーっと砂をかけてね」「次は私のもかけて」
たくさん並べた砂のごちそうで、ままごと遊びです。

「もうすぐできあがる？」「ちょっと待っててね」園庭にあるおうちで、みんなでままごと。イメージしやすい場所があると会話も弾みます。

4歳児たちは、砂の型抜きにトッピングしてケーキ作り。これからパーティーが始まります。

「丸いのはいっぱいできたから、三角も作ってみよう」「ぼくはこの型で作ってみるね」二人で作るとどんどんできてうれしい様子が伝わります。

環境のヒント

同じ空間やイメージを共有し、生活を共につくっていく実感がもてる経験ができるように、場所の確保や用具・玩具の準備をしましょう。

46

環境・援助のPOINT

保育者の予想を超える発想

解放感にプラスして、一人ひとりが知恵を絞りながら、友達と力を合わせて遊びを深めていけるような環境をつくっていきましょう。保育者の予想を超えた子どもたちの発想やつぶやきを、見逃さないように支えていきましょう。

毎朝、砂場のシートを片付けるのは5歳児の日課。互いに声をかけ合いながら、大きなシートを畳みます。

※砂場は保護のために毎日園児の降園後にシートで覆っています。

クラスで育てる野菜の土を、友達と協力して運ぶ3歳児。日常の中で協力する姿がこれからの造形活動に生かされていきます。

友達と"一緒"が楽しい

実践のヒント

砂場に水をためるために試行錯誤していると「シートを敷けばいいんだよ」の子どもの声が！ まずは自分たちが水に入って楽しみ、次は魚を浮かべて。自分たちで次々と考えて行動していきます。どんな援助がふさわしいのかを考えながら、保育者も一緒に活動します。

「もっともっと深くかな〜？」「力を合わせて掘ろう！」
協力して砂場に大きな穴を作ります。

水をためたい子どもたちはビニールシートを敷きます。
「砂場にプールができたよ」

「作った魚も泳がせよう」発泡トレイに油性ペンで描いた魚を泳がせます。

47

第1章　自然や人と関わる

`泥粘土`　`感触`　`偶然の発見`

全身で泥粘土に向き合う

解放的な夏の遊びを経験し、好奇心や行動力など、物事に向き合う力がグンとつく時期。そんな、伸びやかな力を全身で発揮できる場を、たくさんつくっていきましょう。

造形のPOINT
全身で感じる満足感

メディアに囲まれて育つ現代の子どもだからこそ、全身で関わり、感じ、表現できる環境や素材が必要です。たくさん触れる中で物の性質に気付き、豊かなイメージや立体構造に取り組む工夫も生まれます。やり遂げた満足感は、新たな学びに向かう自信を育みます。

泥粘土と出会う

指が入っていく～！

援助のヒント
保育者も子どもたちと一緒に取り組み、感触を感じ取る楽しさに共感してみましょう。一緒に関わるからこそ、思いが通じることもあります。

土粘土ならではの感触を指で感じ取る3歳児。土粘土の中に腕ごと入れて「手が当たった！」「ちょっと冷たくて気持ち良いね」と大喜びの3歳児。

霧吹きで水をかけてみよう

そっとだよ

●泥粘土の扱い方・環境

粘土は、子どもたちの働きかけに応じて自在に形を変える可塑性の優れた素材です。特に、土粘土（泥粘土）は、全身を使ってダイナミックに関わることができます。土粘土の保管は、蓋付きのポリバケツやプラスチックのコンテナが便利です。粘土は固まりをトントンと打ち付けながら立方体にまとめ、保管しましょう。

※泥粘土は造形教材の専門店、陶芸用粘土の専門店などで扱っています。

会話をしながら試行錯誤が続きます。形が変化していくことをゆっくりと楽しんでいます。

48

環境・援助のPOINT

質感を感じながらイメージを膨らませていく

小分けにした粘土を一人ひとり渡すのではなく、大きな固まりから、自分がほしい分を掻き出して取るようにすると、偶然できた凸凹した形からイメージが生まれていきます。「〇〇を作ろう」と保育者から提案するのではなく、まずは素材の質感をたっぷりと味わいましょう。

環境のヒント

室内で行なう場合は、ビニールシートを敷き、その上にベニヤ板を置き、水を入れたたらい、雑巾を用意。準備や片付けもゆったりと時間をとって子どもたちと一緒に楽しみながら行ないましょう。

戸外では、土粘土に水を足すことも存分に試せます。スベスベの気持ち良い感触や、土手を作って中に水を入れて楽しみます。遊びながら素材の特性や物の原理を感じ取っています。

土粘土に慣れてきたら、全身を使って関わることが楽しくなってきます。足の裏で土粘土の感触を味わい、大きく形が変わっていく喜びを感じています。

しぜんにできた形のおもしろさ

園庭の粘土コーナーでは異年齢の子どもたちが、ちぎった粘土を思い思いにくっ付けます。

大きな固まりと格闘して重さや大きさなど、ボリュームを感じることも粘土ならではの大切な体験です。活動に合わせて、粘土の量を確保したいものです。

何かに見えてきた！

第1章 自然や人と関わる

草葉花　枝・木の実

秋の恵みを感じて楽しむ

様々な草花、色とりどりの落ち葉や木の実。秋の自然は、子どもたちの感性に働きかけて、「遊びたい！」「作ってみたい！」という気持ちを引き出します。じっくりと自然と向き合う時間をつくりましょう。

造形のPOINT
色や形の違いに気付く

自分で見つけた落ち葉や木の実は宝物。豊かで美しい自然の色や形を感じて繰り返し遊びながら、自分の世界を表現します。こうした遊びによる気付きは、やがて比較、分類などの学びの視点を育てる基本にもなるのです。

じっくり、よく見て

「並べる」ことや「分類する」ことは、子どもたちの遊びの中でたくさん見られます。このような行為を温かく受け止め、共感していくことで、子どもたちは美意識を高めていきます。

園庭の片隅で、バーベキューごっこのような痕跡が！

帽子にステキな飾り付け。自然からの恵みを使った遊びは、一人ひとりの感性やセンスが光ります。

「誰の葉っぱが一番小さいか比べよう」。小さな葉を大切にして持ち寄る4歳児。優しい気持ちの表れです。

環境・援助のPOINT

自然独自の法則と魅力

多様な色や形、質感、豊富な量。人のためにつくられたものではない自然の魅力を、遊びながら感じているのでしょう。虫めがねを持って園庭へ出ると、いつもとは少し違って見えます。「どんなふうに見える？」と声をかけたいところですが、子どもが何かを感じ、表現するのを待ってみてもいいですね。

「ぼくの顔、見える？」大きな葉がきれいな形のままで落ちていた喜びを表す3歳児。

環境・援助のヒント

園庭に自然環境が整っていなくても、近くの小さな公園でも自然は見つけられます。おもしろいなと思う気持ちに寄り添って、一人ひとりが見つけた小さな自然に保育者も一緒に向き合いましょう。

思い思いに自然に向かい、子ども自身が自然の美しさやおもしろさを十分に感じられる時間を大切にしましょう。

身近な自然との関わりの中で

落ち葉の雨だよ！

先に葉を足元に集めてから一枚ずつ挿す姿はさすが5歳児です。

集めた落ち葉を投げ上げては、またかき集め…。大興奮で歓声をあげながら、楽しみました。

一人ひとり違う感じ方

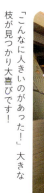
「こんなに大きいのがあった！」大きな枝が見つかり大喜びです！

秋になると、落ち葉掃きは5歳児たちの毎朝の"お仕事"。生活の中で、様々な自然物に触れる場面をつくりましょう。

集めた落ち葉でお風呂屋さん。落ち葉の温もりや、踏んだ時のパリパリとした音が心地良い。

まだまだ付けようよ！

木工用接着剤で付けていきます。
「こんなにくっ付いたね！」

保育室いっぱいに広げた段ボール板にみんなで考えながら拾った小枝を貼り付けます。自分の手元だけではなく、全体を見ながら、大きな作品に取り組みます。

環境のヒント

大きな作品に取り組む時は台紙を壁に貼ったり床に置いたりして、子どもたちが全体を見渡せるようにするといいでしょう。"みんなで作ると楽しい"という気持ちを大切に。

床板の溝に、ドングリがきれいに並ぶのを発見した3歳児たち。

「これ大きいからお兄さん」「こっちは小さい赤ちゃん」「あ、立った！」と、保育者と会話しながらイメージが膨らんだ4歳児のドングリの家族たち。

環境のヒント

ドングリにも様々な種類があります。木の実を分類して見える所にストックしておきましょう。一つひとつの違いが見えてきます。公園で拾った物を持って来てもらってもいいですね。

食べたいけど、食べないからね

ドングリと粘土を使ってケーキ作り。

ドングリから広がる表現

木片の輪切りやいろいろな木の実など、木工用接着剤で思い思いにくっ付けていたら、やがて"動物がすんでいる森"に発展！

実践のヒント

木片の輪切りは直径7cmほどが、重ねたりのせたりできて使いやすいでしょう。電動のこぎりなどがあれば、手軽に切ることができます。保護者にボランティアをお願いしてみてもいいでしょう。

53

第1章　自然や人と関わる

光・影　偶然の発見　遊びの広がり

"影"を感じて・試して

地面に映る自分の影に気が付いて、いろいろなポーズで試しています。自分で何かに見立てたり、試したりする過程はとても大切です。子どもの集中を邪魔せずに、温かい視線で見守りましょう。

造形のPOINT
影と遊ぶ

冬は長く伸びる影の不思議さに気付きやすい季節。自分が動くと影も一緒についてくることがおもしろく、手足を伸ばして友達の影とつなげたり道具を持って動いたり。次々とイメージが広がり、自分や友達、身近な物との新たな関わりや気付きが生まれます。

影がくっ付いた！

動かないでね

友達の影に手を伸ばして…くっ付いた！

環境の ヒント

感じたことや発見したことを自分で試す姿に一年の成長を感じます。次はどうするのだろうと見守りながらも、思いが広がるような環境や場所を整え、子どもたちの考える力に任せていきましょう。

ボール遊びをしている子どもたちの近くに木の影がくっきり。

環境・援助のPOINT

考えて試してみよう！

生活の中で「どうしてこうなるの？」と考えたことを試したり、言葉で表現したりします。影に気付いた子どもたちは、触ろうとしたり自分自身が動いて変化を確認したりと試行錯誤！　考える・試す時間も大切にしたいですね。あえて言葉はかけずに、影を追いかけたり、影の中に入ったり、保育者も仲間になって遊んでみましょう。

下にしてみるとどうなるかな？

自分の動きに影が付いてきていることを確信！　手を広げたり閉じたりして動きを確認します。しばらく影ブームは続きました。

影っておもしろい

環境のヒント

影に興味をもち始めていたので園庭に布を立てかけてみると、影遊びが始まりました。透明な素材や画材、画用紙などの様々な素材は、遊びが展開されるイメージをもって用意しましょう。

クリアファイルに油性ペンで描いた絵を映したり、影絵で出し物をしたり。一人ひとり個性のある表現を試していきます。

造形の深まり

保護者にも学びを共有

光や影の自然現象を体全体で感じ、楽しみながら考えてやってみる、こうした取り組みこそが、幼児期の大きな学びであることを保護者に伝え、家族みんなで影遊びを楽しんでいただきたいですね。

55

第1章 自然や人と関わる

雪・氷　園庭　偶然の発見

冬の訪れを感じる

「凍ってる!!」小さな手で氷をつかみ、発見した喜びでいっぱいです。"冷たい"という言葉は知っていても、触ってみて初めて分かる氷の冷たさを感じて表現した言葉には実感がこもります。寒いけれど、冬の訪れを感じて生活をしていきたいですね。

造形のPOINT
「冷たい！」を実感

落ち葉に付いた霜、霜柱、雪、氷など、戸外で出会う自然の不思議が子どもの心を揺さぶります。触り心地や「冷たい！」という実感、溶ける・濡れるという発見など、様々にイメージが広がっていく冬の自然との出会いを保育者も一緒に楽しみたいですね。

園庭にある丸太の机とイスでままごとをしたり、あやとりをしたり。木の感触が生活の中になじみます。

濡れた木の机の年輪を見つけて、「濡れた所は色が違うね」「線（年輪）が模様になってる」「触ってみる？」「ちょっとガサガサしてるね」木目を見て、触って、不思議な感じを味わっています。

どんな感じがする？

窓ガラスの結露しているところに、指で描いてみました。透けて見える景色と絵や模様がすてきですね。

環境・援助のPOINT

雪も氷も子どもたちには魅力的な素材

いつもは砂を使うままごとも雪が降った後は、ひと味違います。濡れた木の机にも発見があります。どんなことに気が付いているんだろう、どんなことを感じ取っているんだろう、保育者の感性も試されているように思います。子どもたちと一緒に遊んで感じることが大切ですね。

きれいに咲いた花に雪が積もる。子どもたちはこんな風景も心に刻んでいます。

冬の園庭で見ーつけた！

本物の雪でかき氷！
「冷たいけどおいしいよ」

こんなに
いっぱい
とれちゃった

霜柱の感触に戸惑いの表情。

「きれーい、光ってる！」
驚きとともに、うれしさが伝わってきます。

前日に遊んでいた道具に雪が積もり、お店屋さんごっこで楽しんでいた料理が違う料理に様変わり！ いつもと同じ遊びでも、雪や氷で表現の幅が更に広がります。

57

第1章　居場所　仲間との関わり

自然や人と関わる

人との関わりを深める

友達と一緒に遊ぶ楽しさを十分に味わい尽くす3学期。みんなと一緒が楽しいけれど、一人で集中して表現・発見する喜びを感じることのできる時期でもあります。集団と個人の切り替えも大切にしたいですね。

造形のPOINT
友達と一緒に

園生活の中で、自分の成長だけでなく、集団としての育ち合いを経験した子どもたちは、思いや考えを出し合います。共有したイメージの実現に向けて工夫や協力することによって、一層意欲が高まり、豊かな表現が展開するのも園生活だからこそですね。

「ここで3人でやろう！」
肩を寄せ合って取り組み中です。

友達と会話しながら取り組む楽しさも、一人で集中する時間も知っている5歳児。

"一人"と"みんな"

最初は二人で積み木を積んでいます。

順番に積もうね！

個々の遊びがみんなへと広がったり、友達の遊びを観察したり、周りをよく見て取り入れて遊ぶ4歳児。

みんなが集まってきました。3・5歳児も一緒にどんどん高く積み上げます。「まだまだいけるかな？」

環境・援助のPOINT

新年度に向けて遊びが継続する保育を

感じて、考えて、行動する子どもたちは、自らの興味や関心に応じて試行錯誤を重ねていきます。「やってみたい」が生まれるのに必要な時間や場所を十分に確保し、遊びが継続するように環境を整え、新年度に引き継いでいきましょう。

いつもの生活の中で発見したり、感触を味わったりして成長していく3歳児。

砂にくっきりと太い線が描けて大喜び。

「どんどん線が変わるよ」自分一人ではもったいなくて、自分の発見を5歳児に伝えて一緒にどんどん形を変えながら遊びます。

発見を楽しみ共有する

「何を作ろうかな？」みんなで作ったスライムの感触を確かめながら、物作りが始まります。

環境のヒント

一人ひとりの思いを受け止めた上で、友達や周囲に広げていくと楽しさも広がります。思い付いたことや遊びの広がりを見守りながら、伸び伸びと遊ぶことのできる場を用意しましょう。

「一緒に作ろうよ！」「もっと伸びるかな？」同じ感触を味わいながら気持ちもつながり、遊びが広がります。

みんなで同じ気持ちに

共に園生活を過ごしてきた、かけがえのない仲間たち。人とつながる楽しさ、うれしさをたくさん感じながら、園を巣立ってほしいですね。

「きれいにそろってる？　誰か見て〜」
みんなでデザインしています。

造形の深まり

仲間と一緒だからこそ

自分たちのやりたいことに向けてみんなで調べ、話し合い、思いを実現していくパワーがすごいです。友達と一緒だからこそ夢中になって取り組み、遊び込める子ども主体の園生活が育まれていきます。一方的に主導するのではなく、子どもたちの思いを受け止めて、保育者自身もワクワクしながら的確に支援する保育が必要ですね。

5歳児が4歳児へ熊手の使い方を教えています。子どもたちが考えている姿を見ると、何が生活に定着していたかが見えてきます。

ウサギの飼い方を4歳児が3歳児へ伝えています。修了式までの数日間は、一緒に掃除や餌やりをして当番を引き継ぎます。

卒園・進級に向けて

卒園式の前々日、ずっと履いてきた上履きを自分たちで洗って干します。これまで使った物を丁寧に扱う姿が、園生活に感謝を込めているようにも見えます。園生活、いっぱい遊んで楽しかったよね！

卒園式に飾る花を作っています。心を込めて、感じる心を大切に生けていきます。

実践の ヒント

上履きを洗う活動は一例ですが、それぞれの園では子どもたちが心を込めてできる活動を考えていると思います。毎年同じことでなくても、その年の子どもたちに合った活動を、これまでの経験から考えて用意できるといいですね。

卒園式当日。3歳児が作った看板と4歳児が作った似顔絵がお祝いしてくれます。5歳児の表情も誇らしげです。

第2章 "描きたい"表現を見つめる

線を発見！

「絵を描く」というと、画用紙や描画材を準備して「さあ、描きましょう」という"構えた形式"になりがちです。しかし、子どもたちの周囲にはたくさんの"描きたい"きっかけがあるように思います。園庭や公園の土に指や靴の先で引いた線、チョークで描いた線から発想される線路、友達と一緒につなげる迷路など始まりは様々。生活の中にある線、時には点を発見したことから描きたい気持ちが湧いてくることもあるでしょう。子どもの「あっ！」「あれっ？」という線や点の発見を保育者も一緒に「点があったね」「あ、線だ！」と喜ぶ感性をもちたいですね。

「描きたい！」思い

子どもたちは始めから「描きたい！」と思っているとは限りません。どう描いたらいいか、何で描けばいいか、どう表したらいいか、分からなかったり迷っていたり、言い出せなかったりしているかもしれません。「描いてみたいな」「あんなふうに描いたら楽しそう」と考えているかもしれないし、「わあ、描けちゃった！」「色が付いた」「どんどん描けた」と描くきっかけを見つけていることもあります。年齢ごとに一人ひとりの「描いてみたいな」「描けたよ」の思いをくみ取りたいと思います。

また、「描きたくないな」「描けないかも」という気持ちにも焦らずに寄り添いたいものです。みんな一緒に描かなくても何の問題もないということを保育者が分かっていることも大切です。

きっかけを見逃さない

　指についた絵の具で思いがけず描いた、友達が描く姿をじっと見ている、保育者が準備する時にそばで一緒にいる、子どもたちの「描きたい思い」は様々な形で表れます。

　大きな紙や絵の具を準備して「いっぱい描こうね」ということもあるでしょうし、小さな画用紙にサインペンでじっくりと描くという機会もあると思います。それと同時に、子どもたちが「描きたい」と感じている瞬間に立ち会った時に、さっと描画材や画用紙を差し出せるといいですね。難しく考えずに、身近な所に描く道具を用意して、子どもたちが自由に使えるようにしておく環境が日常的にあるといいでしょう。

第2章 描いて表現する

様々な描画材 | 園庭 | 室内

つなげるっておもしろい！！

楽しかったという気持ちや活動が心を解放し、「もっとやってみたい」という次への意欲を育みます。一人で集中して楽しむ、友達の描いているものに興味が湧くなど、その子自身が主体的に関われる遊びを見つけていきましょう。

造形のPOINT
つながる！つながる！

自分の成長だけでなく、集団としての育ち合いを経験していく子どもたち。それぞれが描いたものを持ち寄り、思いや考えを出し合います。友達と共有したイメージの実現に向かう工夫や協力が意欲を高め、更に豊かな表現が展開するのも園生活だからこそですね。

「長〜い線路を描くよ」

「濃いピンクにしたいな」

チョークで線を描いて、重ねたり力を入れたり。濃く描く工夫をしています。

チョーク

何げない遊びの中で子どもたちは、線や形が作る不思議、おもしろさを感じているものです。

水

線を描きたい、作りたい

「線路の上を歩くよ」

環境に慣れ、友達との関わりも増えてきた3歳児は、友達が描いた線路で遊んでいます。

環境・援助のヒント
安心してじっくりと自分のやりたいことができる環境と時間をつくりましょう。一人で夢中になる姿、友達と思いを伝え合う姿など、それぞれに寄り添います。

水だって描画材！ くっきりと線が描ける発見と、見る見るうちに蒸発して消えていく不思議が味わえる遊びです。

友達が描いた線につなげて描いていきます。「形がおもしろくて続きを描いたよ」

環境・援助のPOINT

「線」っておもしろい

一人で長く長く線を描く、仲間とつなげて描くなど、線にはたくさんの魅力があります。勢い良く、ゆっくり、途中で止まってみる、角で曲がってみるなど、描く速度や描く方向も子どもたちは工夫しています。たくさん描けるように紙を準備したり、障害物を片付けたりと、細やかな援助を心がけましょう。

泥でもできるよ

4歳児は電車に乗って遠足に行ったことから、電車や線路を作って遊ぶ姿がありました。そこで保育者が「線路を描いてみない？」と大きな紙を出すと、みんな大喜び。イメージがどんどん広がります！

一人でもみんなでも

ビニールテープでつなげた線の周りには、人や動物などを描いて大きな街ができていきます。

援助のヒント

友達との共通の体験があるからこそ、イメージを共有しながら描くのが、より楽しくなっていきます。保育者も一緒に子どものつぶやきを拾いながら、遊びに参加しましょう。

一人ひとりが画用紙に迷路を描いています。

それぞれが描いた迷路を持ち寄ります。「みんなで描くと、複雑で長い迷路が作れるね」

65

第2章 描いて表現する　　好きな場所　関わりの始まり　遊びの広がり

どこで描く？何で描く？

周りの友達がしていることに興味をもつなど、友達との関わりの中で様々な表現が生まれます。「何をしているのかな？」「自分もやってみよう！」と、仲間がいることで始まる表現があります。

造形のPOINT
「描く」活動の充実

描きたくなる気持ちは保育環境の工夫で大きく変化します。長細い紙を用意すると長く描くことを楽しんだり、積み木の箱や床の上などで描きやすい姿勢で描いたり。何に何の描画材で描くかを、子ども自身が選べる環境を大切にしたいですね。

「ここで」描きたい！

「これが丁度良い」積み木の箱をひっくり返して、自分専用の描く場所に。保育室の中で上手に場所をつくる姿に感心させられます。

長方形の長い色画用紙。描きやすい場所を自分で選び、机で描く派と床で描く派に分かれます。

立った姿勢で思い切り描いていきます。「ぐるぐる描いちゃおう！」

気候の良い5月、外で描くと気持ちも体も伸び伸びしていきます。

援助のヒント

自分の描きやすい描き方を見つけられることはすばらしいこと。園で安心して描いたり作ったりできる環境を見つけられるよう、一人ひとりに寄り添いましょう。

環境・援助のPOINT

いろいろな場所が キャンバスに

地面に描く、ブロック塀に描くなど、型にとらわれない自由な発想が見られます。毎日、遊んでいる自分たちの空間だからこそ、描きたい場所や思いが出てくるのかもしれません。一緒に活動する仲間がいることで、園の中の好きな場所や秘密の場所を見つけて遊びが更に広がっていきます。

援助のヒント

初めてのことには何かきっかけが必要な場合もあります。その子に合わせて適切な援助は何なのかを考えて言葉をかけてみましょう。

戸外で描くと解放的な気持ちに

両手に白いチョークを持って、コンクリートの上を心ゆくまで描き進めます。4月頃の3歳児は、チョークを入れ物に入れて「自分の分」を大切に。形にこだわるのではなく、安心して好きなだけ描くという感覚を味わってほしいと思います。

5月初旬、始めは地面に描くのをためらっていたので、保育者がまずは描いてみることに。すると、「続きはぼくが描くね！」と描き始めます。

チョークが削れていく感触や、様々な色が付くおもしろさ、みんなが横にいることも楽しさの一つです。

園庭のブロック塀にチョークで描いていきます。「ちょっとおじゃましていい？」「どうぞどうぞ」出会ったばかりの仲間ともしぜんと会話が弾みます。

> **環境・援助のヒント**
>
> 「自分の分」が必要な3歳児には、安心して描くことに集中できるよう、場所や描画材を配慮しましょう。汚れたら洗えば大丈夫、と保育者の温かく共感する気持ちも大切です。

身の回りのおもしろそうな物でスタンプを試していきます。

ストレッチフィルムを園庭に張って絵の具で描いています。他にも段ボール箱、新聞紙、ベニヤ板など、様々な素材を用意して描いたり、向きを変えて視点を変化させたりして楽しみます。

園庭で伸び伸びと絵の具に触れる

色を混ぜて遊ぶ3歳児(上)と5歳児(左)。5歳児になると、混ぜる姿にも余裕が感じられます。

> **造形の深まり**
>
> ### 水との関わり
>
> 泥や絵の具に触らない子どもや描きたがらない子どもも、水着での水遊びなら大丈夫なことが多いもの。コンクリートなどに水で描けば、水は蒸発して描いた跡が残らないので安心して表現できる場合もあるようです。水遊びの近くに絵の具の環境を用意しておくと、水と絵の具の活動がしぜんにつながっていきます。

68

水で濡れたアスファルトに、偶然落ちた絵の具がとてもきれいに染みていきました。このことをきっかけに、水と絵の具を交互に垂らしたり描いたりする遊びが始まりました。

絵の具の輪を慎重になぞっています。

偶然の出来事から遊びへ

環境・援助のヒント

自由に色を混ぜたり、机の上に垂らしたりと表現の仕方は一人ひとり異なります。それぞれの思いや表現を大切にして、絵の具や水を足したり場所を広げたりしていきましょう。

「描いてみると、どんな感じかな？」
「あれ？　色が机の上で混ざった！」
紙の上とは違う感触や混ざり方を感じています。

5歳児がダイナミックに遊ぶ姿を見せてくれました。手のひらで新聞紙の上の絵の具を広げます。

そっと手で絵の具を触ってみる3歳児。
初めての感触をゆっくり試しています。

第2章 描いて表現する

道具・用具　手足・全身　絵の具

表現の仕方もいろいろ

絵の具は描くだけではなく、感触を楽しむこともできる描画材。全身で絵の具の感触を味わうことも楽しいものです。汚れても洗い流せる時季に、絵の具と存分に関わり、直接触る、（感触が苦手であれば）道具を使うなど、それぞれの表現の仕方を楽しみます。

造形のPOINT
絵の具との出会い

触る、自分の手足に塗る、描く…など、全身で絵の具との出会いを十分に楽しむことが大切です。安心して絵の具と関わる心地良さは、絵の具を塗り重ね、今までの自分を乗り越えるたくましさや、ダイナミックな表現に挑戦する自信を育みます。

道具を使って表現

段ボール板を巻いたり、果物ネットで作ったりしたスタンプ。慣れてくると段々と大胆に感触を楽しんだり、色や形に興味をもったりして押した跡にも興味津々！

混ぜ、混ぜ…

容器や道具を使って、5歳児は一人ひとり混ぜ方を考える姿が見られます。

見て、見て！

マーブル模様になった！

「はけってこんな感じなんだね」3歳児はお試し中です。

筆だけでなく、ローラーやテニスボールなども思いがけない線が描けておもしろい！

環境・援助のPOINT
自分なりの表現に集中

一見塗りたくっているだけのように見えても、隙間を埋めるなどとても丁寧。何を描いているのか分からなくても、点々や線を意識するなど、その子なりのいろいろな気付きや思いがあります。集中しているときは声をかけずに、その子の内面を想像しながら見守りましょう。

「指でトントン…はんこみたいだね」

「ペタペタしてる！」

足や顔、おなかにもペタペタと塗る姿が見られます。安心して関わっている証拠ですね。

実践のヒント

「○○ちゃん、気持ち良さそうね！」と、肯定的に受け止めることが、やがてその子なりの表現や主体性の育ちにつながっていきます。

直接触ってみたい!!

手型を押すことに熱中する3歳児。形のおもしろさに気付き、重ならないように丁寧に押しています。

大きな泥んこプレートはスベスベで気持ち良い！ 指絵の具を使うと、粘性があるので更に感触が良く、プレートの上で滑らせた手指の跡がくっきり見えるのもおもしろさの一つです。

「ほら〜！」

絵の具を手のひらに付けると、友達や保育者に見せたくなります。

71

全身を使って表現

足に絵の具が付くと、足跡が付けられることを発見！友達の足跡を見ながら、自分の足跡も確認します。

自分の腕に絵の具を塗る3歳児たち。

長い画用紙があることで、表現の仕方も変わります。友達の描く姿を眺めて新たな表現が生まれていきます。

「手型の上にローラーで描いてみよう」

環境のヒント

筆でも、手でも、自由に感触を楽しみながら思い切り描けるように、用具や場所を整えましょう。

おたまの中で自分で作った色の絵の具を使って、大きな紙に描いていきます。「同じ黄緑色でも少し違うね」

一緒に感じる感触

足や顔にも塗ってみて…友達と一緒だから、安心して大胆になれる。こんな経験が、自信をもって描くことにつながります。

一人だと緊張してしまう子も、友達と一緒だとリラックスできます。友達の描く姿に触発されたり、イメージがつながってうれしかったり。「一緒って楽しいね」と感じられる活動が生まれています。

環境・援助のヒント

色が混ざって変化していくことも、絵の具の楽しみの一つです。濁っていくことを気にせず、子どもたちが思う存分試せるようにしましょう。

第2章 描いて表現する

手足・全身　ダイナミック　絵の具

丁寧に大胆に素材と関わる

園生活の中では、思い切り素材と関わる経験も、じっくりと素材と関わる経験もどちらも大切にしたいものです。その経験がイメージを形にする力につながります。夏・秋にかけて、気温が高い時季だからこそできる関わりを！

造形のPOINT
自分の世界から仲間とつながる

その子なりの発見や感じ方を楽しみ、自分の世界に浸る時間が大切です。友達と同じ感触を味わい、「一緒」のうれしさを感じたり、友達の姿を見て「おもしろそう」と一緒にやってみたりするなど、周囲の子どもとの意識的なつながりが生まれていきます。

ゆったりと絵の具に関わる

援助のヒント
4月は絵の具や泥などで汚れたくない子も多い時期。自分がやりたいことをやっていいんだと思える雰囲気づくりを大切に、子どもが自ら向かっていった遊びを大切にしましょう。

泥んこプレートや、ツルツルとした机の上は、絵の具を広げるとスベスベの感触がとっても気持ち良い！

手のひら、腕や足、顔、おなか…心が解放されると、全身で絵の具に触れるようになります。

筆で描いているうちに、絵の具が手に付いちゃった…。これをきっかけに今度は自分から手に塗ることを楽しみ始めます。

いっぱい塗れたね

色が混ざったよ！

園庭で机上の新聞紙に、筆で絵の具を何度も塗り、感触を味わいながら遊んでいます。

環境・援助のPOINT

室内でも戸外でも楽しめる環境を

みんなで描けるようにしたいという気持ちを形にしていきましょう。室内であれば大きな紙をみんなで作ってみる、戸外であれば開いた段ボールを立てかける、ビニールを張るなど、年齢に合った工夫をしながら環境を整えていきます。保育者の手が必要なときには、子どもたちと一緒に考えながら参加していきましょう。

ダイナミックに関わる

実践のヒント

夏は水遊びが最高に楽しい季節。解放感たっぷりの時季に、水と一緒に、絵の具の感触を全身で思いっ切り楽しみましょう。

透明のビニールは絵の具で描くと少し弾くので、濃いめに溶いたポスターカラーを使っていきます。しぜんと両面から描きだして、ビニールを挟んで筆でおしゃべりしているみたいです。

地面、床、机、そして壁や塀もキャンバス！普段とは違った視界が開けます。

五感を使って様々なものを感じながら成長していく幼児期。全身で感触を感じる遊びはとても大切です。

おおらかで楽しい体験を重ねることが、「やってみよう」と思えるきっかけに。このような経験が心を安定させ、自分らしさを育てていきます。

配慮のヒント

「触りたくない」「描けない」という子どももいます。それもその子の表現と認め、無理強いはしないようにしましょう。道具を介したり、保育者と友達のしていることを一緒に眺めたりして楽しさを伝えましょう。

遊び方も発見がいっぱい

幾つもの段ボール箱を開いて、塀に結び付けています。大きなキャンバスのできあがり。

踏み出した足のエネルギーをピンと伸ばした手でコントロールして、筆に集中！

環境のヒント

みんなで遊べるように、段ボール板の配置や絵の具の置き方も工夫しましょう。いつもと違う準備がしてあるだけで、ワクワクと楽しい気持ちになります。

どんどん変わっていく指の痕跡（線）に気付いた5歳児たちが、紙に写し取ることを始めました。

色を混ぜたり、濃度を変えたりと、4・5歳児が一緒に実験中。

「やってみたい」を見つけよう

大きな紙を置いておくと、いろいろな表現が楽しめます。

環境の ヒント

戸外で気持ちも解放されて、自分の「やってみたい」や友達の「やってみよう」が見つかるように環境を準備したり、子どもの意欲を支えたりしていきます。

いっぱい描ける!

筆を二本使いしてダイナミックに描いたり、ローラーで丁寧に塗ったり。隣にいる友達の存在を感じながら、それぞれ自分なりの表現を楽しみます。

「描く」だけではなくて、絵の具を垂らすようにして偶然にできる跡で表現を楽しみます。

汚れたら洗濯! きれいにすること、片付けることも活動の一環として楽しみながら遊びます。

環境の ヒント

「きれいになると気持ち良い!」「汚れたって大丈夫!」と思えるように、片付けまで見通して準備を整えておきましょう。

77

| 第2章 | 色作り | 道具・用具 | 絵の具 |

描いて表現する

描きたい気持ちを感じ取って

色を調合することから始まる絵の具遊びも、子どもたちの描きたい気持ちを高めていきます。子どもたちが「描きたい！」と思うきっかけは様々です。今、子どもが何を思い、何を感じ取っているか探っていきましょう。

造形のPOINT
一人ひとりの選択

遊びが広がるよう環境を構成した後は子どもたちに任せ、見守っていると、「もっと絵の具を混ぜたい！」などと、納得するまで絵の具や水の調合を試したり、様々な描き方、塗り方にチャレンジしたりするなど、子ども主体の豊かな遊びや表現が広がっていきます。

自分の色を作る

環境のヒント
保育者は子どもの思いと今までの経験を把握して、戸外にテントや大きな紙、プレート、チューブ入りの絵の具、ローラー、いろいろな大きさの容器などを用意しましょう。

「赤をこれくらい作ろうかな」

「なかなかピンクにならない…」

「濃さはこれくらいでいいかな？」「青も作って…」
作りたい色や濃度を筆の感覚を確かめながら調整していきます。

「これくらいかな？」「少しずつ入れてみよう」絵の具の量を調整しながら色を作っています。

実践のヒント
赤などの強い色に白を少し加えてもピンクになるのはなかなか難しいですが、子どもの考えを否定せずに見守ります。大人の絵の具の扱いとしては、白に赤を混ぜるなど、「白」をベースに考えるといいでしょう。

環境・援助のPOINT

自分の色を作って描きたい

使いたい色を自分で作りたいという気持ちは描く意欲も高めていきます。絵の具と水で色を調合していく子どもたちの「やってみたい！」「きっとできる！」という気持ちを応援しましょう。小さなカップで何度でも混ぜてみることができるようにするなど、試せる準備が大切です。

友達の色と比べながら自分の色を作っていきます。

様々な塗り方を楽しむ

こんな所にも塗れる！

空いている所を埋めて…

違う道具を両手に持って…。

環境のヒント

手や筆から伝わる感触を楽しんだり、友達の色と混ざると思いがけない色が誕生したり。手や筆、ローラーで混ぜたり、絵の具を垂らすと紙の上で混ざったりと偶然と必然が重なります。いろいろな種類の道具を選んで試せるように用意できるといいでしょう。

79

「描かせる」「写生」ではない

子どもと一緒にもっと描きたい！

　全身を使って大胆にクレヨンや絵の具で描く子どもたちの姿に接して、「一体、この活動にはどんな意味があるの？」「服や周りを汚さないで」という保護者もいるかもしれません。そんな時は、子どもたちと一緒に活動の過程を体験すると、子どもの行動を認め、受け入れられる場合があります。「保育参加」の機会を生かして、大人も子どもたちと一緒に夢中になってダイナミックなクレヨンや絵の具の楽しさを味わえるといいですね。

　園庭で絵の具を使う活動を子どもと一緒に体験した保護者からは、「すごくすっきりした！　絵の具が楽しいって、初めて知りました！」「子どもと一緒にこんなに元気に大きく描いて感激！」「もっと描きたい！」など、実感のこもった声が寄せられました。子どもと保護者、保育者共通の生き生きとした実体験は、子どもの感じているおもしろさに共感し、子どもや保育への理解を深めるきっかけになります。

「いっぱい入れてあげるね」絵の具をカップに分ける5歳児。しぜんな関わりが生まれます。

園庭に置かれたプレートで線を描く楽しさを味わう3歳児。絵の具の線がはっきりと浮かび上がります。

5歳児が互いの顔にペインティング。ずっと一緒に生活し、信頼できる仲間だからこそできる活動です。

column

一緒に描けるのがうれしい3歳児たち。一人で描く環境、一緒に描ける環境など、一人ひとりの「描きたい」に寄り添いたいですね。

こんな所にも！ 活動後にみんなで洗い流すのも楽しいですね。

戸外で描くと気持ちが解放され、室内では描きたがらない子も興味を示すきっかけに！

自分から「やってみたい」と思えるように

　子どもが自分からやってみたくなる環境とは何でしょうか？ 安心してゆったりと遊びに取り組める場所、思った時にすぐに使える材料・用具など…、各園で検討されていることでしょう。
　戸外や床、壁などのリラックスできる環境で、チョーク、クレヨン、絵の具などを使ってすぐに活動を始める子どもたちがいます。一方、すぐには取り組まずに、活動している子の姿を見て、納得し、安心すると自分から「やってみよう」と取り組み始める子もいます。この姿こそ乳幼児らしい「対話的」「主体的」な姿といえるでしょう。
　みんな同じタイミングで「描かせる」のではなく、周囲の子どもの活動や表現に接し、自分から「おもしろそう」「やってみたい」と思えるまで、焦らずに子どもの心に寄り添い、「見守る時間」が大切です。

第2章 描いて表現する　草葉花　写す　絵の具

写るっておもしろい！

五感を存分に使って遊んだ後は、様々な形で表現したい子どもたち。感触を言葉で表したり、「これは何色？」と質問が出たり、描きたい・写したいなどの気持ちが表れたり。そんなときは技法を伝え、今まで知らなかった表現方法を知ることで表し方が広がっていきます。

造形のPOINT
写ることのおもしろさ

子どもたちは、手足や身の回りの物に付けた水や絵の具の形が「写る」ことに驚き、夢中で取り組みます。十分に楽しんだ後は、紙粘土やスチレン板などで、自分のイメージに基づいて作った形を「写す」楽しさへと表現を広げていきます。

こんなにいっぱいつかめた！

落ち葉をかき集めて感触を楽しんだ後は、落ち葉を保育室に持ち帰ります。すると、落ち葉を使った表現につながっていきます。

落ち葉を写したい！

葉に絵の具を塗ってスタンプに！端まで丁寧に絵の具を塗ります。

紙に押し付けて剥がすと、きれいに色が写ります。どこを押さえたらいいかを考え、真剣に取り組みます。

実践のヒント

葉に直接絵の具を付けるのも、スタンプを作ってたくさん押すのも楽しい子どもたち。写してみたいという思いから、スタンプ遊びに発展していきました。手にした落ち葉から表現が広がっていきます。

環境・援助のPOINT

友達と写すことを楽しむ

一つの版で何枚も写すことができるので、写した葉を持ち寄って交換したり、大きな紙に写したりと、友達との関わりが生まれます。一人の時とは違い、思いやイメージが膨らみます。刷った後、イメージの広がりを描き足したり、スタンプも加えたりと様々にチャレンジして表現を楽しみましょう。

どの色もきれいだよね

いろいろな葉っぱができたね

スチレン版画で表現

それぞれが版画で作った葉を新聞紙の上に並べています。

絵の具を乾かしながら友達の作品を見て感想を言い合う5歳児たち。

葉と絵の具で表現

紙粘土ハンコで表現

援助の ヒント

いろいろな方法から生まれたみんなの表現。仲間の表現を見て感じる時間も大切にしたいですね。保育者も共感する気持ちを表しましょう。

紙粘土で葉の形を作り、割り箸などで葉脈を彫り、凹凸のハンコを作りました。幹にいっぱい葉形を押して、大満足です。

83

スチレン版画に挑戦！

実践のヒント

想像を広げて描く、インクを塗る、そっと紙を剥がす、工程には様々な思いや力具合が見られます。版画は大変だと思われがちですが、準備と流れを考えれば子どもたちも楽しんでできる活動です。一人でそっとできあがりを見たり、みんなで見たり、一人ひとりに寄り添いたいと思います。

園で飼っているチャボ！一枚ずつ羽を描いて〜

版画用のスチレンボードに油性ペンで描いた線を粘土用のヘラでなぞって凹みを付けています。

インクの練り板を、友達に押さえてもらいながらローラーに色を付けていきます。

きれいに付きますように！

強く押さえてしまうとスチレンボードが凹んで、図柄が出にくくなってしまいます。バレンで丁寧にこすっていきます。

ちゃんとできたかな？　ドキドキの瞬間です。

造形の深まり

写る不思議！

スチレンボードはヘラで凹みをつけたり、油性ペンで描くと溶けて凹んだりと、手軽に版を作れます。描いた周囲を切り取ると、形が一層はっきりします。色を付けた版にのせた紙を丁寧にこすってめくる時のドキドキ・ワクワクは、描いたものが"写る"不思議な版画の活動ならではですね。

見せて見せて！

わあ！きれいにできてるよ！

色を出すときも混ぜるときも、自分でじっくりと考えて、自分好みに色を作っていきます。

使ったら蓋をしておかないとね

丁寧に絵の具を扱う姿に5歳児の成長を感じます。

マーブリングで 不思議な模様と出会う

にじんで混ざっていくよ！

割り箸で色を混ぜて。

紙をそーっとのせて。

「どんなふうになったかな？」「不思議だね」紙を持つ指先は職人のようです。子どもたちのワクワクする気持ちが伝わってきます。

環境の ヒント

工程順に並べて準備をしておけば、自分たちでもできるようになります。汚れてもいいようにすることや、落ち着いて楽しむ時間をつくり、自分たちで取り組める環境を用意しましょう。

85

第2章 描いて表現する

虫・動物 / 様々な描画材 / 遊びの広がり

身近な生き物を表現

小さな生き物が大好きな子どもたち。その時季しか出会えない生き物とたくさん関われるようにしていきましょう。いつもとは違う方法を投げかけ、その出会いを表現してみてもいいでしょう。

造形のPOINT
身近な生き物から

1学期は、石の下や草の中などを探して虫を捕まえることに夢中！ 自然と直接ふれあう体験は五感を通して好奇心を掻き立てます。虫の家作りや餌やりなど、大切に世話をする中で触り過ぎると弱ることに気付き、生き物をいたわる気持ちが育っていきます。

アオムシ

それぞれの表現で

動いているね！くすぐったくない？

大丈夫だよ

虫に触れなくても、友達が持っていてくれるのでよく観察できる4歳児。

画用紙を折って、伸ばすことを想定してアオムシを描いています。できあがったら並んで仲間に見せます。

いくよ〜！ いちにのさん！

つなげてみようか

そうだね、押さえているね

実践のヒント
何かを表現するときに決まりはありません。発達やクラスの様子、子どもたちの興味に合わせて表現方法を提案したり、子どもたちの意見を聞いたりして、いろいろと試してみましょう。

アオムシの道を作っています。進む道を貼ってからパスでアオムシを描き足すなど、子どもたちがアイディアを出し合っています。

環境・援助のPOINT

経験したことを感じたままに表現しよう

子どもたちは園でも家庭でも様々な経験をしています。それをすぐに何かで表現する機会もあれば、心の中で熟成させて友達と遊ぶ中で表現することもあります。子どもたちが感じていることをそのままに仲間と一緒に表現する機会をつくっていきましょう。描く・作る・遊ぶ、多方面から表現を考えていくと楽しいと思います。

アカホシテントウ

アカホシテントウの卵を見つけて育つ様子を見守る子どもたち。育った姿をイメージしてアカホシテントウの住む葉っぱを作っていきます。

混ぜるとどんな色になるのかな？

どのくらい付ける？

染める紙をくしゃくしゃにして絵の具に付けていきます。

イメージを形にしていく

染めた葉っぱはきれいに伸ばして乾かします。

援助のヒント

どんなことができるかは、その年のクラスの様子によっても違ってくるので、素材や描画材を組み合わせたり、保育者もやってみたいことを考えたりして一緒に楽しみ、子どもの気持ちに寄り添いましょう。

染めた葉っぱの紙には育って大きくなったアカホシテントウの様子を描き足していきます。

カタツムリ

園庭で見つけたカタツムリをよく観察しています。

赤ちゃんカタツムリも誕生！

カタツムリっておもしろい！

カタツムリを

「グルグル〜」と言いながら描く3歳児。

実践のヒント

絵を描かせよう、作品を残そうとは考えずに、その子の発見や行為を受け止めましょう。「グルグルグル」カタツムリがキャンディーになってもドーナツになってもいいですよね。3歳児は筆を動かすことが楽しいと思います。

「ツノも描いてあげなくちゃ！」「いろいろな色で描こう」観察したカタツムリを思い思いに描いていく4歳児。

「くるくる、カタツムリをつなげよう」

「クルクルが難しいんだよね」油粘土でもカタツムリ作りにチャレンジする5歳児。

いろいろな表現で

カタツムリの街

大好きなカタツムリを様々な形で表現した子どもたち。3学期になると、5歳児クラスでは保育室全体を使ってカタツムリの街を作ることに。みんなで相談しながら見通しをもって楽しむ姿が見られます。

壁も友達と話をしながら描くことでどんどんイメージが膨らんでいきます。

壁に子どもたちが作ったカタツムリを飾り、近くにカタツムリのおうち作り。5歳児の保育室がカタツムリの街になっていきました。

カイコ

カイコの幼虫を飼い始めました。餌はクワの葉です。「大きくなってね」と成長を見守り、飼育に力が入ります。

幼虫が大きく成長したタイミングで絵の具を準備しました。「どの色にする？」「少しずつ色が違うよね」と友達と話しながら色を選んで、幼虫の姿をよく見て描いていきます。

成長を見守る姿から

実践のヒント

幼虫は触り過ぎると弱ってしまうのでペーパー芯でカイコを作って触りたい気持ちをかなえるなど、生き物の命を大切に思う気持ちに寄り添えるように、ことばがけや環境を整えていきましょう。

カイコの繭から羽化したカイコ蛾を見守っています。

画用紙にシールで迷路を作り、カイコ蛾を描き込んでいきます。細かく描けるフェルトペンが大活躍です。

> ウサギ

4歳児クラスで飼育をしているウサギのモコちゃん。みんな大好きです。

運動不足のモコちゃんのために、みんなで遊び場を作ります。子どもたちも一緒に遊びます。

「モコちゃんのおうち、きれいになったかな？」飼育小屋にあるゲージを当番で洗っています。

大好きだから描きたい！

大好きなモコちゃんを描いています。毎日の心動かされる実体験があるからこそ、伸び伸びとした表現につながっています。本物と色が違うのも子どもたちの表現です。

> 造形の深まり

生き物を大切に思う気持ち

ケージの掃除や餌の世話をして、一緒に遊び、生活している大切な生き物との関わりは、多くのことを教えてくれます。日々の豊かな関わりから「モコちゃんのおなかの白い毛がふわふわしているところが好き」「遊ぶ所を作ってあげよう！」という温かい気付きや表現が生まれています。生き物との日々の関わりを丁寧に受け止める保育を目指しましょう。

| 第2章 | 経験 | 様々な描画材 | 遊びの広がり |

描いて表現する

観察や体験から表現に

子どもたちは大人とは違ったところに目を向けています。子どもたちの見る目を尊重してみると、おもしろい視点が現れます。見たものや体験したことを表現したい気持ちを大切にしたいと思います。

造形のPOINT
見方が変わる

見慣れた孵化や昆虫もじっくり見ると、新しい発見がたくさんあり、視線・表情は真剣そのものです。新たな見方や気付きは、その子なりの表現や学びを深めます。じっくり関われる環境や保育を心がけたいですね。

園庭の樹に卵や蛹の抜け殻を発見！

よーく見てみよう

「よーく見てみよう」
「片目をつぶったほうがよく見えるね」

虫めがねで見たアジサイをペンで表現しました。一人ひとり見え方が違います。

環境・援助のPOINT

虫めがねで発見！

生き物や植物など、虫めがねで見ると新しい発見をする子どもたち。その場に適切な道具を使うと子どもたちの世界がより広がっていきます。好奇心を満たすことができる道具を準備して一緒に楽しみたいですね。

園庭のアガパンサスの花などに水やり。「いっぱい飲んで大きくなってね」

見てみて、破れるよ

実践のヒント

夏になって花が咲いたことで気が付いたアガパンサス。その感動を紙と布を使って表現しています。花との出会い、布との出会い、描画材との出会いと組み合わせ、いろいろなものに出会う機会をつくっていきたいですね。

じっくり観察して

グニャグニャしてて貼りにくいね

破った布を画用紙に貼ってアガパンサスを表現しています。

実践のヒント

寒い時期に花が咲くヤツデ。園庭で見過ごされがちな植物が急に身近になります。感動をそのまま表現へとつなげていきましょう。

どんな匂いがするのかな？

「今日は特別！」大きく切ったヤツデを保育室に運びます。

下からものぞいて見てみよう！

「花がいっぱい咲いてるよ」じっくりと観察しながら描いていきます。

93

充実した行事の体験

イモ掘り

「おっ！ ここに大きいのがあるぞ！」「どれどれ？」「みんなで掘るぞ！」
友達と協力して、一つひとつのサツマイモを掘り進めていく5歳児たち。一人ひとりが感じた言葉を友達が受け止めます。

土の感触をじっくり味わいながら掘っていく4歳児。

活動がつながる

イモ掘りをしたときのツルは、縄跳びにしたりリースにしたりと、様々な場面で大活躍。行事などの体験から次の遊びや活動につながっていき、工夫した経験が自分たちで「できた」という自信につながっていきます。

ツルを使った縄跳びに挑戦！

ツルを体に巻いたり、頭に飾ったり。
いろいろなものに変身して楽しみます。

ツルを巻いてから乾かします。

クリスマスには飾りを付けて、サツマイモのツルのリースが完成！

実践のヒント

「本物と同じように描きたい！」「畑では土の中にイモが隠れていた」など、子どもたちが感じ取ったことを感じたままに表現することを受け止めていきます。

イモ掘りに行ったら、「おイモは土の中に隠れていたんだよ」。イモが土の中に隠れていることを経験して、描いたイモを「土に隠す」と言って上からまた塗っています。

描いているイモにも、「おイモに土をかぶせてあげなくちゃね」。

実際に体験することで

筆の持ち方を変えて、紙の上でトントンとたたくように描いています。

「ちょっと大きくなり過ぎちゃった！」

何度も本物と比べながら描いています。「ほら、おんなじくらいだよ！」

様々な染めを体験

変化する驚き

絵の具遊びのほかにも、色水やコーヒーフィルターの色のにじみなど、色が変化する驚きは子どもたちの心を捉えます。

アサガオから 〈3歳児クラス〉

「もっと濃い色水がほしい」「濃い色水で染めてみたい」と意欲が湧いてくる3歳児たち。煮出すと濃くなることを4・5歳児に教えてもらい、保育者に相談しながら試行錯誤を重ねていきます。

こんなに揉んでいるのに色がでない…

タマネギの皮から 〈4歳児クラス〉

野菜の栽培に参加してくれている栄養士さんから、タマネギの皮で染める方法を教えてもらった子どもたち。タマネギの皮を煮出す準備も興味津々です！ 5歳児のように、自分たちでTシャツを染めて、運動会で走りたくなりました。

サツマイモでスタンプ 〈5歳児クラス〉

野菜でスタンプをした経験から、収穫したサツマイモを使って「スタンプしてパン屋さんごっこのバンダナを作りたい！」との声が。園庭で、大きな布に友達とのバランスを考えて押したり、デザインを相談したりと、楽しみが広がります。染色用絵の具やアクリル絵の具を使えば、乾燥後に洗濯しても大丈夫です。

バンダナが完成！

column

染めたものが"特別なもの"に

　タマネギ染めや藍染めを計画したことで、真剣に取り組む喜びを体験することに。自分たちで染めたTシャツを着た子どもたちは、自信をもって競技にチャレンジ！ 試行錯誤しながら染めたTシャツは、友達とイメージを共有する"特別なもの"として、いろいろな場面で使いたくなり、新たな発想を生み出します。

　染める活動を模様遊びで終わらせずに、生活や遊びに生かすことは、「使いやすく美しいものを生み出し、豊かで楽しい生活を創り出していく」生活デザインの基礎を育てる大切な活動として捉えることができます。

「こんなふうになった！」偶然の形や模様は驚きや喜びをもたらします。

タマネギ一色では物足りなくなり、ミカンの皮や藍などでも毛糸を染めてみることに！

運動会でTシャツを着ることをみんなで決め、藍染めに取り組みました。日々の生活の積み重ねが子どもたちの考えの基本になっています。

第3章 素材との関わりから始まる表現

五感を通して感じる

　子どもたちは自らの五感を通して身近にある素材の性質を確かめていきます。触ることはもちろんですが、なでる、たたいてみる、持つ、持ち上げる、握る、投げる、匂いをかぐなどの行為をしながら、素材そのものの硬さ・柔らかさ、温かさ・冷たさ、ツルツル・ザラザラの感触、重い・軽い、香りなどを全身で感じ取っていきます。
　こうした子どもたちの興味や関心から始まる素材との関わりが表現につながっていくのだと思います。

　「これって、どういうものなんだろう」「触ってみたら、思っていたのと違う感じだった」「ほっぺたに当てたら、気持ちが良いな」「たたいたら、良い音がしたよ」「これは何の匂いだろう？」と子どもたちは感じたことを言葉で表現して、次に素材と向き合いながら造形的な表現や音楽的な表現、身体的な表現に向かっていきます。表現を種類で分ける必要はないので、子どもたちが生活の中で感じたことを総合的に表現するために、素材と関わる時間を大切にしてほしいと思います。

素材を知ることが
イメージをより膨らませる

　子どもたちは様々な素材と関わり、その性質を確かめて表現していく中で、自分の描きたいものや作りたいもののイメージがはっきりとしてきます。そして「こういうものがあったらいいな」「これがあればもっと楽しくなる」など、自分のイメージを具体化するものや道具がほしいという欲求が出てきます。作りながら、イメージが変化していくこともあります。

　また、「仲間とつなげて大きくしたい」「組み合わせたらもっとイメージに近づくかも」といった仲間とのつながりも深まり合っていきます。素材との関わりから、イメージを膨らませ、イメージ通りに表現するための道具や接着剤や他の素材も必要となります。時にはイメージが広がり過ぎて、いざこざや無理な要求がでてくることもあります。「どんな物があれば良いのかな？」「代わりになる物はないのかな？」「みんなでできることは何だろう？」「（保育者が）準備できる物は何かな？」と、子どもたちの思いを実現するために、保育者としてできることを考えて、大人も一緒に表現を楽しんでほしいと思います。

99

素材と関わる環境構成

目の前にいる子どもの興味・関心に目を向けることから！

　まず押さえておくこととして、今、目の前にいる子どもたちの興味・関心、何げない反応、素材と出会った時の対話の様子に目を向けることが大切です。環境を整えるとは、大人が見て「きれいに整然としていること」ではなく、子どもたちが手を出して使ってみたくなる環境です。そのことを心に留めながら、環境構成に気を付けていきたいですね。

環境設定の ポイント

子どもたちの興味・関心は移っていきます。イメージを支える様々な素材をその都度、考えて準備していくことを心がけたいですね。時には子どもたちと一緒に、入れ替えたり整えたりすることも楽しいと思います。一緒にすることで、子どもたちの今やりたいことが伝わってくることもあるのではないでしょうか。その時の興味・関心に合わせた環境設定をすることと併せて、子どもたちの思いの半歩先を見通した環境を提供することも試してみるといいでしょう。

自然物との関わりを深める

ひと言で自然物といっても、様々な物があります。子どもたちが拾って来た物や保育者が集めた物もあるでしょう。まずは自然素材そのものと関わって遊ぶ中で、「どんな物なのかな？」「こんな感じなんだ！ ツルツルしてるよ」などと、様々に感じることから始めると素材と仲良くなり、イメージも広がっていくのではないでしょうか。年齢とともに素材や自然物との関わり方も変化していきます。

種類や大きさごとに箱で分けておくことで、自然物の特性に気付きやすくなりますね。

素材を加工しておく

素材を扱う時は、そのままの形で置いておくこともありますが、遊びや子どもの年齢によっては、誰でも扱いやすいように少し手を加えておくといいでしょう。子どもたちが使いやすいサイズに切っておく、あらかじめ切り込みを入れておく、ある程度の長さに切っておく、種類・大きさごとに分けて用意するなど、少しの工夫で子どもたちが遊びに取り入れやすくなります。ここは、保育者の出番です。子どもたちの発達や経験に応じたほんの少しの加工が、遊びやすさにつながります。

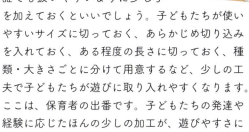

「園庭」で造形活動

切ったり、貼ったり、作ったりなどの造形活動は室内でするものと思い込んでいませんか？ ベランダやテラス、園庭でも楽しむことができるように、机を出したり外用の材料や道具を準備すると、室内と園庭との壁がなくなり、遊びの幅が広がります。園庭で遊んでいる中で、「これ作りたい！」「こういう物があったら、もっと楽しい」という子どもたちの要求にすぐに応えられるようになります。

第3章 素材との関わり方

様々な素材　大量の素材　仲間との関わり

大量の物を並べる・積む

身近な物を並べたり積んだりして遊ぶ子どもたち。大量の物と出会った時、「どんなふうに並べようかな？」と試したり工夫したりする姿が見られます。仲間と一緒に考えてやってみる時間を見守りたいですね。

造形のPOINT
並べて遊ぶ

ペンのキャップやボトルキャップ、色紙、シールなど、一つひとつは小さい物。仲間と一緒に考えてたくさん並べ、線や面、立体が生まれる不思議やおもしろさを、理屈ではなく遊びを通して実感することで造形的な思考力が育っていきます。

同じ形で並べたい

この色がいいかな？

三角に切った色紙を一人で並べてみます。

丸い形だけでケーキができたよ

壁に大きな紙を貼ると、机の上での構成とは違うデザインになって、更に夢中になっていきます。

ボトルキャップを色別に並べたり、丸い形を組み合わせたり。友達と協力する姿が見られます。

環境・援助のPOINT

一人で集中する・友達と遊ぶ時間

5歳児なりのシール貼りがあるように、年齢の低い子どもの遊びと決めつけず、その時の思いに寄り添いましょう。一人で遊ぶ時間も仲間と遊ぶ時間も大切にできるよう、同じ素材を幾つかの場所で設定したり、同じ素材をそれぞれの年齢の保育室に準備したりしてもいいですね。

5歳児もシール貼りは大好き。進級し、緊張の中にいる子も、ホッとできるような遊びを用意すると、真剣に取り組んでいきます。

色がきれい！ケンケンパみたいだね

カラーの輪ゴムを出すと、ケンケンパ遊びを思い出し、並べる遊びが始まりました。輪ゴムを切ったり貼ったりもしています。

次はラバーリングでケンケンパ遊びに！ 子どもたちの中で輪ゴムとケンケンパ遊びがつながっていきます。

ペンのキャップを並べ中。友達と協力してキャップの長い道ができました。

こんなにも長くなった！

103

どれだけ
積める
かな？

積み木を自分たちの背の高さまで積み上げていく4歳児。
仲間と一緒に、慎重に、集中して遊ぶ姿が見られます。

一人で並べることを楽しんでいます。だんだんと高くなっていくように考えながら…並べ方にもこだわりが見られます。

「ここでベルが鳴るようにしよう」
「どんな音がする？」
イメージを共有しながら並べたり積んだり。

仲間と協力して

部屋中に箱を並べています。全員が参加しているわけではないけれど、みんな、邪魔しないように心の中で応援しながらそれぞれ遊んでいます。

仲間と一緒に積んだり、重ねたり、並べたりした経験が、その後の遊びにつながっていきます。

協力して縦に積んでいます。「届く？」「もう一個はのると思うよ」

援助の ヒント

危険のない限り、子どもたちの「やってみたい！」に応えたいものです。保育者が見守っていることを感じながら、子どもたちが力を発揮できるように心がけましょう。

「ぼくが下を押さえるね」「頼んだよ。上につなげていくね」気持ちを合わせてつなげていきます。

油粘土もつなげていきます。仲間とつなげると一人ではできない表現が現れます。

「聞こえる？」「聞こえるよ！」横に長くつなげてみました。

組み合わせて
つなげる
楽しさ

「まだまだ積める！」紙パックなら同じ高さになるからと考えて、積んでいきます。

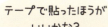

作る物が決まったら、クラフトテープでしっかりと固定。「ここから滑れるよ」遊び場をつくろうと、つなげていきます。

友達と思いを通わす

実践の ヒント

子どもたちは様々な経験の中でいろいろなことを学んでいきます。年齢によってテープの選択は迷うところですが、自分たちで考えて選んで作る姿を応援したいですね。

「押さえててね」

「見えない所も貼っておかないと！」と丁寧に留めています。

「テープで貼ったほうがいいかな？」
「そのほうがよく付くよね」

「次はこれかな」「縦にする？ 横にする？」箱をつなげてどんどんおうちができて、大きくなっていきます。

造形の深まり

様々な箱で

様々な形や大きさの違う空き箱は、繰り返し試し、楽しんで遊ぶ中でイメージが広がっていきます。試行錯誤の中で、他の素材やクラフトテープなどがあると、気付きや意欲につながります。用意する材料・用具や助言のタイミングに気を配るよう心がけたいですね。

第3章 素材との関わり方

組み合わせ ／ イメージを共有

工夫して表現する

身近な物や自然は、子どもたちの感性に働きかけます。様々な体験によって子どもたちの表現したいという気持ちも高まり、素材との関わり方にも変化が見られ、工夫した使い方ができるようになります。

> **造形のPOINT**
> ### 思いを実現するには
> 様々な物を組み合わせる中で、意欲や新たな発想が広がります。自分の主張だけでなく、友達と力を合わせたり、相談や試行錯誤したりすることが大切なことにも気付いていきます。気付きから主体的な活動ができるよう、十分な場所と時間を確保したいですね。

セロハンテープでイヤリングを着けていきます。
「じっとしていてね。ほら！ すてきなイヤリング」

「セロハンテープで線路をつなげるまで待っててね」
「付けたら走らせてみよう」

「付ける」おもしろさ

転がったよ！

紙とプラスチックを接着するのに、セロハンテープを使っていきます。

> **実践のヒント**
> 大人では思い付かないような、子どもたちの柔軟な発想に心を動かされますね。テープなど、使い始めるとあっという間になくなり、使い方に迷うこともありますが、試して使って覚えていけるような援助も大切にしたいです。

環境・援助のPOINT

大人も子どもも柔軟に

指先から感じる感触、全身で感じる感触などから、意識的・無意識的に素材を上手に使い分けたり融合させたりして感じたことを表現していきます。表現するために何が必要かを保育者が感じ取ることが大切です。大人も感じたことを素直に援助として表し、環境を変化させていきましょう。

「感じる」から「表現したい」に

ザラザラとスベスベの所があるよ！

園庭のケヤキの樹を触ったり、なでたり。季節や場所によって感触が違うことに気付いて言葉にしています。

「届きそう！」園庭の樹はどれも子どもたちにとって身近な存在です。

ここに貼るといいかな〜？

「葉っぱは重ねて切ろう」これまでの経験を生かして、一度で何枚も作るやり方を試していきます。

切ったりちぎったりして、一人ひとり、感じたことを貼り絵で表現していきます。

環境の ヒント

感じたことを表現する時に、どのような素材がふさわしいかを考えるのは、なかなか難しいです。保育者自身も感じる気持ちを大切にして、材料を準備しましょう。

109

実践のヒント

形や色をどれにしようかと、形をじっくりと見て迷う子どもたち。友達の選ぶ様子もよーく見ています。自分の気持ちと向き合って選ぶ時間を大切にできるように関わりましょう。

不定形に切った色画用紙を選ぶ子どもたち。おもしろい形を発見！ 手を遠ざけて形を確認中です。

「形」「色」にこだわる

これにしようかな？

形に合わせてのりを丁寧に付けて。

造形の深まり

造形的な思考力

「こんなふうにしたい」というイメージや目標に向かって、色や形にこだわり、じっくり取り組んでいます。こうした子ども自身の気付きによる主体的な活動を通して、考えては試すことを繰り返しながら、イメージに近づけていく「造形的な思考力」が育っていきます。

同じ机の友達の姿も刺激になって、自分なりにイメージを広げながら色画用紙の周りにも描いていきます。

箱や紙にイメージをもって切り込み中。普段から形が変化するおもしろさを経験して、イメージを形にすることを体得していきます。

実践のヒント

3歳児からのはさみと紙との関わりを通して、形を自由に作ったり様々な切り方を試したりできるようになっていきます。みんなで作ってみたいというチャレンジする気持ちに寄り添いながら保育者も一緒に楽しんで活動しましょう。

イメージを共有してつながる

画用紙の街を作ろう！

一人ひとりが作った物を持ち寄ることでどんどんイメージが広がり、一つのイメージがみんなの街になっていきます。

画用紙を折って四角柱を作る5歳児。

高低差をつけるために台にのせたり、バランスを考えたりして組み合わせていきます。

ここにのせると屋根になるかな？

円すいの屋根や階段を作ったり、切り込みを入れたりして、形が変わっていくことも楽しみます。

第3章 素材との関わり方

様々な素材 / イメージを共有 / 仲間との関わり

一つの素材で遊び込む

連休明けなどは、少し気持ちが園生活に向きにくい子どももいます。子どもたちが発散したりじっくりと取り組んだりする中で、遊びの芽を感じ取れるようにしていきましょう。

造形のPOINT
解放感から想像・創造へ

同じ素材をたくさん用意することで、子どもは思う存分破いたり、まき散らしたりしながら気持ちを解放します。子どもが遊び込む中で想像したことややってみたい気持ちを保育者が受け止めて一緒に楽しむことで、より一層子どもたちの意欲を高めていきます。

新聞紙

様々なふれあい方を楽しむ

実践のヒント

破いたり丸めたりかぶったり、そして丸めた紙にのってみたりと、新聞紙は様々な遊びに広がっていきます。子どもたちが見つけた遊び方や気付いた感触に共感して、今後の遊びにつなげていきましょう。

「気持ち良いね」「一緒にお泊まりしているみたい」仲間とのふれあいもしぜんに生まれます。

「ベッドみたいー!」「体が収まるよ」一枚の新聞紙を広げて寝転びます。

新聞紙の上に寝転んでいると、友達がそっと布団をかけてくれました。

枕みたい!

大きな袋に新聞紙を詰めて感触を楽しみます。

環境・援助のPOINT

時期が変われば関わりも変わる

一緒に生活する中で仲間になれた子どもたちが、安心して気持ちを解放して友達と遊ぶ姿を見守りましょう。同じ素材での遊びでも、友達との関係性が変わっていったり素材の特性を知ったりすることで、時期によって子どもたちの表情にも大きく違いが見えてきます。

素材の特性を知って遊びが深まる

「海みたい！」新聞紙の中に潜っていきます。

長く切った広告紙を張り巡らせて、下から眺める5歳児たち。「テントみたい！」といろいろな想像が広がり、この感覚が次の遊びにつながっていきます。

自分のイメージに合わせて作りたいものを作っていきます。

「部屋中、新聞紙〜」と一斉に小さくちぎった新聞紙を上に投げて発散する遊びにも！

動くかな？見ててね！

新聞紙でお店屋さんの帽子に！他の紙を使ってお寿司を作り、回転寿司を作っています。紙皿をリボンに貼って…動くかな？

113

空き箱・ペーパー芯

実践のヒント

たくさんある空き箱の一つひとつを確かめながら、自分の使いたい物を見つける表情は真剣。同じように見えても、自分の好みの物を探していきます。選んだ物を使って友達と一緒に遊びが始まります。

保育室いっぱいに空き箱を用意すると、子どもたちは興味津々！

自分で選ぶ・みんなと遊ぶ

私のはこれ！

自分で選んで満足の表情を見せてくれます。

押さえる、積むなど、役割もしぜんとできてきます。

「まだまだ積めそう」「どんどんつなげよう」友達に声をかけながらダイナミックに遊びます。空き箱を通して友達との会話も広がります。

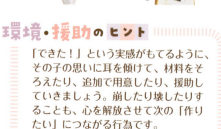

環境・援助のヒント

「できた！」という実感がもてるように、その子の思いに耳を傾けて、材料をそろえたり、追加で用意したり、援助していきましょう。崩したり壊したりすることも、心を解放させて次の「作りたい」につながる行為です。

組み合わせたい

環境・援助のヒント

4歳頃になると、いろいろな形を組み合わせることが楽しくなります。『〜のつもり』のイメージも明確になってきて、作っては遊び、壊れたら補修し、というように創意工夫する姿が多く見られるようになります。個人差がある時期でもあるので、一人ひとりに応じた援助が必要です。

「戦いごっこのアイテムを作りたい！」思いはあってもなかなかイメージ通りにはいかず、養生テープをグルグル。

空き箱で遊ぶのが大好きな4歳児。何度も試行錯誤を重ね、イメージ通りに扱えるようになってきました。

お気に入りのカップを見つけて、いろいろな材料をつなげていくとおもしろい形のスピーカーができました。

同じ材料が大量にあることも「やってみたい！」の気持ちが膨らむきっかけに。積んだり、つなげたり、高く積んでは崩したりする遊びを何度も楽しみます。

積んだり崩したり、それぞれが楽しんでいたら、だんだん友達の様子も目に入るようになってきて…。迷路のような道作りに発展！

段ボール箱

環境のヒント

一人ですっぽりと入っても楽しい段ボール。みんなで入れるような大きさの物を用意すると、その先の遊びのイメージも広がります。保育室の隅や中央など、子どもたちが遊びたい場所を選べるようにするといいでしょう。

友達と"一緒"だからうれしい

"一緒"がうれしい子どもたち。段ボール箱があればしぜんとこのような姿が生まれます。出入りして遊び込むと箱も柔らかくなって、加工しやすい素材になります。

みんなで持てば軽いよね

自分たちの遊びの場をつくるために、段ボール箱を運んでいきます。

環境のヒント

どんな道具の経験が必要かを、子どもたちの様子から考えていくことが大切です。けがをしないようにすることはもちろんですが、道具を使いこなせるようになると遊びの幅が広がります。

ちょっと切って窓を開けた途端、中と外とのやり取りが活発になり、広がっていきます。

「後でこの窓をつなげよう」「そうしよう！」段ボールカッターで形を自在に変えていく5歳児。

それぞれが段ボールに描いているうちに子ども同士の会話が始まります。

みんなで描いた段ボールの中で、こんな遊び方も。絵や線があることで、友達の存在を感じているのかもしれません。

> 造形の深まり

段ボール箱という素材

触る、たたく、のぞく、中に入るなど、全身で関わりながらおもしろさを味わっていきます。大勢で入る安心感、何人入れるかへの挑戦、力を合わせて運ぶなど、友達と一緒だからこその体験や楽しさも味わいます。様々な関わりや表現を楽しめる素材として捉えましょう。

それぞれの関わり方で

小さくした段ボール板をつなげて線路に。つなげた線路には「踏切も必要だよね」「ここはトンネル！」と保育室全体に展開されていきます。

第3章 素材との関わり方

様々な素材 | イメージを形に

様々な素材と出会う

様々な素材と出会い、それぞれの扱い方を知っていく子どもたち。何かを作るということだけではなく、形にならなくても、その子なりに試行錯誤している姿に寄り添いましょう。

造形のPOINT
素材に挑む

素材や用具の扱いが身についてくると、初めて出会う素材にも自分から挑むようになり、自信や自己肯定感が育ちます。この時「見て！」と知らせたい人は安心できる人（保育者や友達）であり、その人の反応をうれしく感じると、更に意欲的に素材に向かいます。

イメージを形にしていく

広告紙を丸めて作った剣に、ビニールテープがくっ付くことを発見した3歳児。目を輝かせて見せてくれます。

テープ

セロハンテープを切るのは、ちょっとしたコツが必要。3歳児はそんな微妙な力加減の経験を重ねて上手になっていきます。

いろいろな素材や道具の扱いも巧みになって、それぞれの表現が深まってきます。一人ひとりが表現の幅を広げることで、みんなで共有するイメージの世界も豊かになっていきます。

実践のヒント

一見、無駄に材料を使っているようにも見える活動でも、一人ひとりの試行錯誤を十分に保証することで、思考力、表現力が育っていきます。

環境・援助のPOINT

素材を感じて遊ぶ

普段、触れる機会があまりない素材などは、感触が新鮮で楽しく、笑顔で遊び始める子どもたちの姿が見られます。一人で十分に楽しむ、友達が遊んでいる姿も見て一緒に遊び始めるなど、それぞれの姿に寄り添いましょう。素材そのものに十分に触れられる時間や場所の確保をしていきましょう。

クシャクシャになる！

ポリ袋

カラーポリ袋を抱え、全身で素材と関わって感触を楽しみます。

空気を入れて膨らますと「ベッドにもなる！」形を変えた素材に、より興味津々！

袋をたたき、音や手が跳ね返る感覚を楽しみます。みんなが集まると更に遊びが広がります。

じっくりと素材に触れる

小さな布を上に投げたり、大きな布をみんなでかぶったり、ビリッと裂いたり。

布

布を使って自由に遊ぶと、子どもたちの緊張もほぐれていきます。布という素材を体験する機会は、これからの遊びに生きていきます。

布

一枚の布をかぶったり、友達と持ったり、裂いたりして布そのものの感触を味わいます。友達と端を持ち合ってビリッと破れるのも楽しい！ 小さくなった布は製作でも利用していきます。

数枚の布を保育室に準備しておくと、身にまとって遊び、その後、服作りへと発展！

アイディアが生まれてくる

毛糸

指編みに夢中の5歳児たち。毛糸の束がなくなると、結んでつなぎ、どんどん長くしていきます。

巻く、結ぶ、つなげる、編む、様々なものに見立てて遊ぶなど、冬はカラフルな毛糸が大活躍します。

両手をクルクルと、上手に操作できるようになった3歳児。

環境のヒント

4〜5mくらいの子どもが扱いやすい長さに巻いた毛糸玉を、自由に扱える素材として出しておくと、いろいろな創意工夫が生まれていきます。

素材を集める

column

季節感のある素材

　自然に関わるものは、その季節や天候（日光、風、雨、雪、虹　など）ならではの関わりや遊びが生まれるので、その瞬間の出会いを大切にして保育に取り入れたいものです。季節の草花や葉、木の実、生き物などは、子どもが自分で「見つける喜び、集める楽しさ」が「作りたい、描きたい」という表現への意欲を高めます。散歩時などに、見つけて、集めた物を入れる袋や容器を子ども自身が持って出かけ、遊びや表現活動につなげられるように心がけることが大切です。

季節にこだわらない素材

　季節にこだわらない多様な素材は、子どもたちが生活の中で試し、遊びたい時に十分に使えるよう、集めておきます。集める方法としては、SDGsの視点も含めて日頃から子どもたちと一緒に残った紙を分類して片付けるなど、素材を大切に扱うことを心がけたいですね。また家庭や近隣のお店などにも協力してもらいながら、子どもたちに様々な素材と関わる機会をもってほしいと思います。

段ボール箱・板
並べる、中に入る、つぶす、描くなど、ダイナミックな活動が生まれる

空き箱・紙筒
遊びの中で、並べる、積む、切る、組み合わせて接着するなど、いろいろな関わりが生まれる

空き容器・キャップなど
多様に活用される（元は他の用途に使用されていた物なので、まずは危険がないか確認し、しっかりと洗って清潔にして使用することが必要です）

大きな紙
触れる、もぐり込む、破る、丸めるなど、多様な出会いが生まれる

| 第3章 | 見立てる | 組み合わせ | 木材 |

素材との関わり方

アイディアを形にしていく

空き箱や空き容器はとても身近な素材。カラフルな色、様々な形は「おもしろそう！」という興味と、「試してみたい」という子どもたちのワクワク感を膨らませます。

造形のPOINT
もっと作りたい！

様々な素材や用具との関わりを経験していく子どもたち。試行錯誤する中で発見や失敗、工夫を重ねています。子ども自身が必要性に気付き、工夫を重ね、納得のいく作品を作り出そうとするからこそ夢中になれるのですね。

ティッシュの空き箱を切ったり、テープを貼ったりと試していきます。上下に引っ張ると口の形が変わることを発見！

いっぱい切ったら、こんな形になっちゃった！

切ること自体が楽しくて繰り返していくうちに、おもしろい形に出会いました。

何に見えるかな？

お菓子の空き箱のたくさんの穴に触発され、毛糸を通してみたくなった3歳児。引っ張ってみたら、箱が自分で動いているみたいでおもしろい！

入園してからなかなか緊張が解けなかった子どもと一緒に、双眼鏡を作って園内を探索中。保育者が作った物を使って遊びを広げていくと、やがて子ども自身の創意工夫する力につながっていきます。

環境・援助のPOINT

一人ひとりの創意工夫を支える

平面から立体を作り出すことが難しい子どもでも、空き箱などの身近な素材を使うとイメージを実現できます。豊富な種類が集まりやすい素材でもあるので、子どもたちが出し入れしやすい共同の材料置き場をつくり、いつでも使用できるような環境を整えましょう。

みんな、アイディアマン！

男の子も女の子も、お料理が大好きな3歳児。保育者が段ボール板で作ったフライパンを使って料理が始まります。

気に入った素材を体にくっ付けていったら、気分はヒーロー。子どもたちは身に着ける物や遊びのアイテムが大好きです！

チョコレートの空き箱を、宝石箱に見立てて。イメージがぱっと広がるのが、空き箱・空き容器の醍醐味。

もしもし…

イメージできる物があることによって、遊びの幅が広がり、イメージがグッと鮮明になります。

「くださいな」「どうぞ」の簡単なやり取りを楽しめるようになってきました。空き容器はごっこ遊びに大活躍。形ある物を介することで、互いのイメージがつながります。

「木工」のおもしろさ

普段から空き箱を積んで遊んでいる子どもたち。扱いやすい長さに切りそろえておいた木材でも、たくさん積んでいきます。

二本の木材の頂点を合わせて、重心をとって自立させることに集中！

タイヤと木材を組み合わせて。やがてこの道は忍者の修行場になっていきました。

いろいろな道具の扱い方が分かってきた子どもたち。互いのサポートの仕方も大人顔負けで上手になってきました。

造形の深まり

「木」を使って

木材や板は、木目、手触り、重さ、香り、木をたたく音など、どれもが五感を刺激します。板を組み合わせて遊ぶことも楽しいですが、道具が加わると、大きさや形を変化させながら試行錯誤を重ね、一層イメージを膨らませていくことができます。

●木工の扱い方

木工は、子どもには難易度が高い活動のように思われますがとても魅力的な遊びです。長さや大きさ、柔らかさなど目的に応じて子どもが扱いやすい木材をそろえ、とげや毛羽立ちがないかも確認しておきましょう。すぐに釘と金槌を出すのではなく、高さや立体を感じられるおもしろさを十分に楽しみましょう。杉や松など、柔らかい木材をホームセンターなどで購入してもいいでしょう。

保育者の用意した木材で遊ぶ5歳児たち。メジャーで測ったり、枝を地面に打ったりして道具にも慣れていきます。

> #### 実践のヒント
> 5歳児がのこぎりなどの道具を使う時は【余裕のある場所で】【ふざけずに】【急いでいる・体調が悪い時は使わない】【後ろからのぞき込まない】などの約束をしましょう。そして、保育者は必ずそばにつくようにします。3・4歳児は製作時などで段ボールカッターを使用することから慣れていきましょう。

"何かを作る"という活動よりも、まずは釘を打つことを、何度も気が済むまで楽しみます。3・4歳児は段ボール板を重ねた釘打ちから始めました。

たくさん釘を打った板の表面。打っている時の子どもたちの一生懸命な気持ちが伝わってきます。

木材を組み合わせていたら、あれ？ 何かの形に。みんなのイメージが重なってはしご作りが始まりました。

みんなで釘を打った板に、色とりどりの毛糸を無造作に引っかけていくと…。おもしろい形になりました。

造形の深まり

道具との関わり

木工に取り組む際は、事前に時期や何を使ってどのような活動を行なうのかなど、園内で検討しておきます。まず保育者自身が取り組み、楽しさを味わい道具に慣れることが大切です。危険を伴う本物の道具であり、安全に大事に使うことを伝えましょう。

第3章 素材との関わり方

経験　見立てる　組み合わせ

行事との関わりを楽しむ

行事は園だからこそ体験できることも多いでしょう。日本の文化・伝統や園ならではの習慣を感じられる機会になったり、行事がきっかけでその後の表現につながっていったり。連続した生活の中に行事があることを大切にしていきましょう。

造形のPOINT
戸外の造形コーナー

長くつなげた紙を風になびかせて走り、空を泳いでいる気分を味わうと、「もっと長くしたい！」と、戸外ならではの発想や意欲が生まれます。戸外に造形コーナーを準備したことで、遊んでは工夫し…、遊びを発展できる豊かな環境が生まれています。

こどもの日

風を感じて

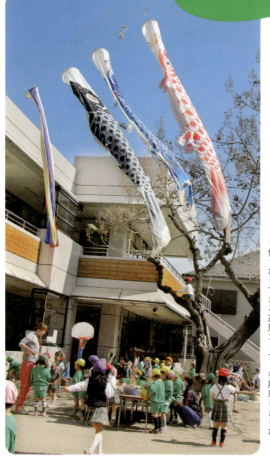

新学期の空に、毎日一匹ずつ増えるこいのぼり。「あ、また生まれた！」と楽しみに登園する子も。そんなこいのぼりの下に子どもたちが自由に描いたり作ったりできる造形コーナーを用意しました。

細長く切った紙をつなげたり、偶然できたおもしろい形を楽しんだりした後は、園庭を元気良く走って風を感じています。

平面に描くだけでなく、紙テープをなびかせるなどの、空間を感じて遊ぶ姿が不思議と多く見られます。

環境・援助のPOINT

園庭の造形コーナーが様々につながる

園庭に造形コーナーがあることでしぜんと室内の活動につながったり、異年齢児や保育者同士がつながる場になったりします。丸形や短冊状などの扱いやすい大きさの色紙や色画用紙、紙テープなどの素材、テープ類、描画材など、毎日少しずつ変化させながら出してみましょう。

こいのぼりを泳がせたい

小さなこいのぼりができたよ！

広告紙で細く丸めた棒は自分で巻く子もいますが、要求に応じて保育者が作るようにしましょう。目の前で巻いて見せると、やがて自らやってみようとする姿が見られます。

大きな画用紙を巻いてこいのぼり作り。円柱にペンで模様を描くのは慎重に！

地域の方に教わりながら、新聞紙でかぶとを折っていきます。地域の方とのふれあいの中で文化や伝統も学んでいきます。

保育室やテラスなどにも、誰でも気軽に手を伸ばせる造形コーナーをつくりましょう。室内、室外、テラス、それぞれの表現が見られます。

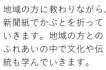

できあがったかぶとをかぶって見せ合います。「似合ってるよ」「かっこいいね」いつもと少し違う自分になった気分！

援助のヒント

セロハンテープ台や穴あけパンチ、はさみなどの扱いに慣れていない子どももいます。保育者が見守りながら、子ども自身が安全に試行錯誤できるようにしましょう。

127

運動会

実践のヒント

普段、子どもたちが好きな遊びを運動会の内容に取り入れるなど、生活の連続性を考えて行事の内容も吟味しましょう。子どもたちと相談するのもおすすめです。

いっぱい跳べるようになったよ

縄を使った遊びが大好きな子どもたち。縄を持って元気に跳んだり走ったり、地面に置いて飛び越えたり、様々な遊びに挑戦します。自分の好きな遊びを表現する機会をもってみてもいいですね。

普段の遊びから広がる表現

走るのが大好きで、チームの意識が強くなってきた子どもたち。時にはチームでの競争も楽しみの一つになります。手作りのバトンを手に、思い切り走ります。

自分だけの「バトン」がほしいという子どもたちの声から、一人一つのバトンを作りました。手渡しではなくバトン同士のタッチでリレーを行ないます。

タッチ！

画用紙とは
ちょっと違うね

「運動会で着るTシャツに絵を描いて頑張りたい！」二人一組になって、押さえてもらいながら布に描く経験をしています。

Tシャツ作り

交代しながら描いて、満面の笑みを浮かべています。

プログラム作り

大きなプログラムを作成中！　みんなのために作る時も一人ひとりが思いを込めて取り組んでいます。

運動会を楽しみに

実践の ヒント

行事があると時間に追われることも多いものですが、子どもたちと一緒の時間は少し気持ちにゆとりをもって、表現することに保育者も集中できるといいですね。

ポンポン作り

友達の頑張る姿を応援したいとポンポン作りに夢中になる子どもたち。巻き方、裂き方など集中して作っていきます。

今年は一人一つのバトンを持ってリレーをすることに。自分だけのバトンを飾っていきます。

バトン作り

がんばれ〜

運動会

運動会前から楽しんでいた縄跳びを運動会にも取り入れました。運動会後にはどのように跳んでいたかを表現する機会をつくりました。

環境のヒント

年齢に合わせて縄跳びの縄の動きを表現することができるような素材を用意しましょう。モール、リボンなどのひも類。平面でも体の動きを出せるように割りピンで工夫したり、立体で作れるよう空き箱などを用意するなど、子どもの経験やねらいに合わせて素材を用意しましょう。

「縄はこうやって上がるんだよね」

動きも経験も思い出して表現する

「縄は足の下を通るから、こんな感じかな?」自分で跳ぶ感覚や友達が跳んでいる姿を思い浮かべながら、貼り絵をしていきます。

造形の深まり

仲間と共に

運動会に向けて仲間と作戦を出し合い、力を合わせて取り組んだり、役割を担ったりする経験は、心と体を育て、協働性を培います。更に、運動会後に画用紙やひもなどの素材を用意して、体や縄を動かしながら自分にぴったりくる表現をじっくりと検討する時間があるのもいいですね。作品を持ち寄り、みんなで表現する喜びを味わいましょう。

壁に貼った模造紙に丸いトラックを用意しておくと、「この辺りを走らせよう」「バトンタッチはどうしようかな?」運動会を振り返りながら表現を楽しみます。

みんなの
思い出を
一つに

一枚の大きな模造紙にそれぞれが作った作品を貼り合わせていきます。みんなで玉入れをした楽しさがよみがえります。

援助の ヒント

手足の動きを見せ合ったり考えたりしていくうちに、表現したいという気持ちも高まっていきます。動きを確認する時間も大切に見守りたいですね。

丁寧に作った"自分"を貼りたい場所に貼っていきます。

貼りながら、画用紙の上で玉入れを楽しみます。

正月

いっぱい走るよ〜

色画用紙とスズランテープで作った手作りのたこ。冬の日ざしを感じながら、友達と一緒に走るのが楽しい！

段ボールで臼と杵作り。「ここをくるっと丸めよう」「押さえているよ」協力して進めていきます。

体験も想像も その子なりの表現で

試してみるね

「お餅もあったほうがいいよね」「ふかふかしてる」綿の餅の感触を楽しんでいます。

作った杵を持って餅つきのお試しです。

実践のヒント

餅つきをしない園も増えてきているかと思いますが、正月ならではのことを遊びに取り入れていきたいですね。綿の餅を扱う手つきには優しい気持ちが表れています。子どもたちの思いを大切にくみ取れるよう心がけます。

column

子どもの生活と行事

行事にちなんだ造形活動

「毎年この時季にしてきたから」と、行事のための作品作りを行ない、"行事に追われた保育"になってはいないでしょうか。子どもたちの成長を保護者と一緒に喜ぶことは大切ですが、主役は子どもであって、お土産としての作品や保護者のための行事ではありません。

連続した生活の中に行事があることを見据え、改めて子どもたちの興味・関心や主体性を大切にした行事の在り方を検討し、保育計画の中にしっかりと位置づけることが必要です。

たとえば、「こどもの日」の端午の節句のこいのぼりは、各園でいろいろな取り組みが行なわれています。本書で紹介している園の活動では、1学期当初の素材や風を感じる活動の一環として取り組んでいます。4月、新学期が始まり少し経った頃、安心して遊べる環境として保育室のそばに"園庭の造形コーナー"を用意したことで、異年齢児や保育者同士がつながる場になっています。扱いやすい色紙や紙テープ、布、テープ類、描画材などを準備することで、紙をつなげて楽しんだり、走って紙テープをなびかせ風を感じて遊ぶ姿が多く見られています。このような素材や風を感じる日常の活動の中から、「自分で作ったこいのぼりを泳がせたい！」という子ども自身の意欲的な取り組みが生まれています。

「この時期にこの行事をなぜ行なうのか」「自園の子どもたちにとって大切な体験とは何か」など、子どもの生活と行事について、柔軟な視点をもって、学年や園内研修などで考えていけるといいでしょう。

第4章 "ごっこ遊び"を通して表現を楽しむ

ごっこ遊びの芽に気付く

「お店屋さんごっこ」「幼稚園ごっこ」など、子どもたちはごっこ遊びが大好きです。〇〇ごっこと名前のない、つもりになって遊ぶ姿もよく見かけます。子どもたちは意識している場合も無意識の場合もある中で、毎日、何かしらの形でなりきる遊びを楽しんでいるのではないでしょうか。子どもたちを夢中にさせるごっこ遊びの醍醐味とは一体何なのでしょうか？

ごっこ遊びの"芽"のような小さなごっこ遊びから、園全体が関わるようなごっこ遊びまで、年齢を追って考えてみましょう。きっと、日々の生活の中の小さなごっこ遊びの芽に気付くことと思います。

園生活の中で繰り返し現われるごっこ遊び

つもり・まねる・憧れる

つもりになって遊ぶ中で、自分のイメージを表現し、友達と一緒に遊ぶことを楽しんでいます。こうしてまねて遊ぶことを楽しむ背景には、「憧れの気持ち」や「大きくなりたい気持ち」があるのではないでしょうか。

つもりになるための"作る"を楽しむ

始めは保育者と一緒に必要なものや場を作っていきますが、自分たちでできるようになると次第に友達と必要なものを考えたり協力して作ったりして、友達と一緒に遊ぶことが楽しくなります。

ごっこ遊びに向かう表現

　園生活の中で繰り返し現われるごっこ遊び。しかし、いつも同じようになってしまう、途中で終わってしまう、発展性がないというような悩みもあるのではないでしょうか。年齢の違いや園の文化も影響します。子どもたちが自己を発揮して、それぞれの年齢にふさわしいごっこ遊びを楽しむためには、工夫や配慮、援助が必要です。

　「こういうものがあったらいいな」「こんなものがほしい」「こういう場所をつくりたい」と子どもたちが考えた時に、子ども自身が「こうしたら作れると思う」「これとこれを組み合わせればいいんじゃない？」と考えられるような土台をつくっておきたいですね。突然、ごっこ遊びが始まるわけではありません。生活の流れの中で、自分たちの力で考えて展開していけるように、「素材と関わる」「道具を使う」「工夫して作る」というような表現の場を散りばめていきましょう。

友達と関わる・友達がいるから楽しい

ごっこ遊びは模倣を軸とした遊びですが、単に個別的な模倣遊びとしてではなく、他の子どもとの関わりの中で成立する遊びです。

一人ひとりの良さを生かせる

ごっこ遊びには必要なものを作る、描く、何かになったつもりで歌う、体を動かすなど、自分からつくり出していく表現的な要素が多様に含まれます。一人ひとりがそれぞれの良いところを生かしつつ、みんなとつくり上げる過程を大切にしたいと思います。

3歳児のごっこ遊びで大切にしたいこと

小さなごっこ遊び

　3歳児のごっこ遊びは、イメージがころころと変わって、その日限りで終わることもよくあります。保育者は無理につなげる必要はなく、その時々の"やり取り"を丁寧に支えていくことで後につながる場合もあります。

　たとえば、保育室の一角にフラワーペーパーや紙の切れ端などの素材がある環境をつくると、自由に手に取ってつなげたり、くっ付けたりして楽しみ始めます。ちぎったり丸めたりして遊ぶ姿からカップを出してみると、小さなごっこ遊びが始まりました。保育者が準備した物で遊んでいるうちに、ごっこ遊びの"芽"が出てきます。更に遊びが広がる素材をプラスすることで子どもたちのイメージが広がっていきます。

保育者が段ボール板で作った道具が遊びを更に充実させていきます。

日常で経験したことをごっこ遊びで再現。友達の姿を見て、経験を共有していきます。

思い思いのごっこ遊びを楽しむ

　ご飯を食べる、昼寝をする、アイスクリームを買う、公園に行くなどの普段の生活を再現し、それぞれの小さなごっこ遊びが始まります。隣で同じようなことをしていても、まだまだイメージは共有されていないこともよくあるでしょう。友達とイメージを共有して遊ぶことが"目的"ではなく、まずは、"自分のごっこ遊び"を十分に楽しんでほしいと思います。周囲に目が向いて、「私にも貸して」「一緒にやってみようか」と、何かのきっかけで思いがつながっていくこともあります。一人ひとりが存分に自分のイメージを大切にして遊ぶ時間を大切にしたいですね。

お箸を自在に使えるようになった3歳児たち。日常生活の経験をごっこ遊びの中で友達と一緒に再現するのが、楽しくてたまりません。

ものとの関わり

一人ひとりの表現に寄り添う

　一人ひとりの子どもがものと出会う中で、感じて考えて表現することに共感して、使い方や扱い方を伝えていきましょう。子どもがやりたいことをすぐに形にできるように、素材や道具を準備して、必要な物を提供するなど、身近にいる保育者だからこそできる援助があります。あまり大げさに考えずに、園にある物から使っていき、子どもたちの表現の幅を広げられるようにしていきましょう。

フラワーペーパーを色ごとに分け、他の素材も選びやすく手に取りやすい形に。「これは〇〇の味！」「この色も入れたらすてきかも」アイスクリーム屋さんに発展！

遊びの場の環境

遊びの幅を広げて、充実させていく援助

　つもりになって遊ぶことができるような場を設定することで、遊びが広がっていきます。積み木で囲う、段ボール箱でつい立てを作る、イスを置くなど、遊びの場を保障する援助もしたいですね。高さは必要ありません。互いが見えることも大切な要素です。

卵パックをたこ焼き器に見立て、たこ焼き屋さんが始まりました。

仲間との関わり

子ども同士をつなぐ援助

　保育者もごっこ遊びの中に入り、子ども同士をつなぐことも時には必要です。3歳児は、まだまだ周囲が見えていないこともあるため、近くにいる仲間に気付き、同じ場で遊ぶ楽しさを味わえるように保育者が間に入って仲間と遊ぶ楽しさも経験できるようにしたいですね。

絵本をまねて保育者がめがねを作ると「ぼくも！」と集まり、"泥棒ごっこ"が始まりました。遊びながら「こんなのもほしい」と剣やライトなどの小道具が増えていきました。

第4章 ごっこ遊びで表現する

様々な素材　見立てる

何かになるって楽しい！

子どもたちは変身することが大好き。その魅力は、何といっても"自分とは違う何者かになる"というおもしろさです。幼児期特有のこの遊びを十分に楽しみましょう。

造形のPOINT
3歳児ならではの姿

友達の姿を見て「おもしろそう！」とまねし始めた子どもも、作りだすとその子なりの表現が生まれます。まねされた子も友達が共感し認めてくれたうれしさを感じ、仲間意識も生まれていきます。友達と一緒に遊ぶことの喜びが伝わってきます。

大好きな友達と「へんし〜ん！」。人とつながる心地良さを、全身でたくさん感じてほしい時期です。

カラスの帽子を作って変身！

ロボットのつもりになって楽しむ3歳児。1学期から続いていた遊びの集大成は、イメージしたものを満足のいく形で表現することでした。

自分なりの「つもり」の世界へ

園庭でアイスクリーム屋さんとファストフード店が開店！

環境の ヒント

イメージが共有できる物を作りやすい環境や素材を用意しましょう。友達とイメージを共有し、自分の"やりたい！"も大事にしながら、遊びを展開していきます。

138

環境・援助のPOINT

小さなごっこ遊びを支える保育

まずは保育者が準備した物で遊び、遊びの中で素材をプラスすることで子どもたちのイメージが更に広がります。「かき混ぜる物、本物の鍋があるといいかも」というような場面に出会った際、できる範囲で構わないので物や環境を用意し、遊びの質が上がる援助をしましょう。

イメージを支える素材

大きな段ボール箱は、様々なイメージを喚起します。布を用意して、海賊のつもりになってやり取りを楽しんでいます。

いろいろな素材を自分のイメージに合わせて選べるようになってきます。素材を見て「こうしてみよう」というインスピレーションも豊かに。

実践のヒント

海賊や忍者、魔法使いなど。スペースや小道具になりそうな素材を用意して、子どもたちの好むイメージを投げかけてみましょう。保育者も一緒に楽しむことも忘れずに！

園庭での遊びがごっこへ

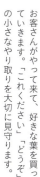

お客さんがやって来て、好きな葉を買っていきます。「これください」「どうぞ」の小さなやり取りを大切に見守ります。

園庭に落ちている葉もごっこ遊びのアイテム。並べるだけであっという間にお店屋さんになりました。

139

第4章 ごっこ遊びで表現する

経験 | 道具・用具 | イメージを共有

経験をイメージにする

様々な経験を通して、イメージを形にしたい気持ちに寄り添います。その子にとっての安心できる人（保育者や友達）の反応から、もっと伝えたいと素材に向かう姿を支えましょう。

造形のPOINT
ごっこ遊びの芽生え

遊びの中で様々な発見をする幼児。自分で行動し、発見した自信とうれしさが自己肯定感を育てます。主体的なごっこ遊びの芽生えには、いろいろな素材（もの）体験と、豊かなコミュニケーションによる安心感や信頼感が大切なのです。

お医者さん

子どもたちにとって"お医者さん"は身近な存在。実際に体験したことやテレビで見た様子がそのまま表現されます。

お口を開けてください！あ、虫歯ですね！

手術始めますね〜

友達だけではなく、病気やけがをした人形たちも治していきます。

経験を表現する

どこが痛いですか？

のどが痛いんです〜

お医者さんごっこ。カルテや帽子は保育者と一緒に作りました。患者さんのマスクもお手製です。

140

環境・援助のPOINT

**遊びが
つながって
ごっこ遊びに**

子どもたちはその時々で一番楽しいことを表現していきますが、表現せずに心にしまってあるものもあります。遊びの中でしまっておいたものが出たり、遊びと遊びがつながったりして、思いもよらない展開になることも！ 園庭など、遊びの場を変えると異年齢児との関わりも期待できるでしょう。

遊びがつながっていく

恐竜探検

園庭のあちこちで工事屋さんが作業中！

実践のヒント

工事屋さんの子どもは骨らしき物（枝）を見つけて探検隊に届けるなど、他の友達とのやり取りが出てきました。友達とつながったり、4・5歳児の遊びを取り入れたりと遊びが広がっていきます。一度、終わったかに見えたごっこ遊びが再浮上することも。つないでいく力をもっているんだなと感じる瞬間です。

工事に欠かせないリヤカーに土をいっぱい入れて！

「恐竜の骨かも!?」恐竜が大好きで、園庭の木々が骨に見えるよう。

図鑑があることで、骨（木）と比べて形を楽しんでいます。

141

4歳児のごっこ遊びで大切にしたいこと

イメージを広げ、友達とイメージを出し合う

　子どもたちはそれぞれのイメージをもっています。「これを作りたい」「これがあったらいいな」という個々のイメージを聞きながら材料や道具を用意し、作って遊べるようにしていきます。作った物で一緒に遊んでいくうちに「くっ付けようか」「一緒に遊べるね」と友達とイメージを出し合って、次の遊びに展開していくこともあります。一緒に遊ぶ場を設定する援助が必要です。

園にいるウサギが「1羽ではかわいそう」と、ウサギの友達作り。作ったウサギが病気になったと、友達とイメージを共有し、お医者さんになって治療をしています。

お客さんに、作ったケーキを買ってもらえるかドキドキの4歳児。「買ってくれるかな？」といろいろな感情が湧きますが、みんなと一緒だから大丈夫。

遊びを進めていくことを楽しむ

　個々のイメージをもちながらもみんなでイメージを共有できるようになると、テーマをもってイメージをつなげて遊ぶようになります。おそろいの帽子をかぶる、一緒にお面を作るなど、物を介してイメージが具体的になり、気持ちも共有されます。多少のイメージの違いはあっても、一緒に遊びを進めていくことで楽しみながら、更にイメージが膨らみます。

ものとの関わり

イメージをつなげて遊ぶための援助

　いろいろな表現方法にふれたり、素材の幅を広げたりして作った物で遊ぶ楽しさを味わえるようにしましょう。友達と同じ物を身に着けて遊ぶことで、個人差はありますが、イメージをつなげて遊べるようになるなど、"一緒"が楽しい年齢になってきます。

保育者が用意したいろいろな素材があるからこそ、子どもたちは張り切ってケーキを作っていきます。レースペーパーのかわいらしい形がケーキにピッタリと衣装にも活用！

子どもたちの背の高さや目線に合わせて、バスの運転手さんがカウンターを作ってくれました。戸外でのごっこ遊びが広がります。

「こんなお店にしたい」という思いを実現するために、保育者は子どもと一緒に作っていきます。

遊びの場の環境

友達と一緒に遊べる場をつくる援助

　共通体験が遊びにつなげられるように、イメージしやすい環境や素材を準備しましょう。友達と固まって遊べる場や互いの動きが見えるような場を設定したりすることで、更に遊びが広がります。

仲間との関わり

遊びを具体化する援助

　保育者も遊びに入りながら、友達と共通のイメージがもてるように具体化したり、少し先の見通しがもてるように援助したりしましょう。子どもたちのイメージへの橋渡しをするつもりで仲間に入るといいでしょう。

ケーキ作りに数人が集まり、ケーキ屋さんに発展。カウンター用に段ボール箱を出すと、いつもと違った雰囲気に周囲の子どもたちも参加しました。

色画用紙を巻いておくなど、少し作りかけがあると、子どもたちのイメージがどんどん広がっていきます。

第4章 ごっこ遊びで表現する

イメージを形に **イメージを共有** **様々な素材**

イメージを実現していく

お店屋さんやプリンセスなど、大好きな人やキャラクターに扮して遊ぶ4歳児。コスチュームやアイテム、遊ぶ場所など、子どもたちの思いを具体的な形にしていくことで遊びが盛り上がります。

造形のPOINT
思いを形に

遊びのイメージを受け止めて、様々な素材や集めた物などを自由に使える環境があると、子どもたちは思い付いたことにすぐに取り組み、友達とイメージを実現しながら遊びが継続して、豊かなごっこ遊びが展開されていきます。

使い慣れた素材を生かして

プリンセス

フラワーペーパーで作ったリボンや色紙の飾りをたくさん付けて、プリンセスに変身です。

遊びながら作ったグッズの置き場。何かになったりごっこ遊びに発展したりしていく時には、具体的な物の手立てがあると、よりイメージが鮮明になります。

環境のヒント

衣装に使えるごっこ遊び用のスカートやショール、エプロンなどの他に、長方形に切った色紙やフラワーペーパー、紙テープ、ビニールテープ、空き箱・容器など、創意工夫して身に着ける物を飾れるような素材を用意します。

環境・援助のPOINT
大人のイメージが先行しないように

大人のイメージが先行しないように心がけましょう。「本物」に近づけることばかりではなく、子どもたちが工夫して考えられる時間をもちましょう。時には考えたことを設計図にしたり、必要な物を書き出したりと準備に時間がかかることもあります。「続きはまた明日」ができることも園生活の醍醐味です。

お寿司さん

「お寿司屋さんはね、頭にこういうのを巻くんだよ」という子どもの言葉から、園にある豆絞りを保育者が用意しました。

「レジもあったらいいな！」のひと言からアイディアを形にしていきます。

イメージを具体化できる素材

飲み物のサーバーも！ 今までの遊びや経験などをつなぎ合わせて工夫する姿が見られます。

環境の ヒント

普段から遊びで使い慣れている素材や拾い集めた自然物など、誰でも自由に使えるような環境を用意しておきましょう。また保育者も遊びの輪に入り、こんな材料があったらいいかもと準備をしたり、一緒に作ったりしましょう。

クラスや年齢を越えて、お客さんが来店です。画用紙や新聞紙を使って作ったお寿司は大好評！

145

第4章 ごっこ遊びで表現する

イメージを形に　イメージを共有　遊びの広がり

空想の世界を楽しむ

4歳児は空想の世界を楽しむ達人です。一人でイメージを広げて遊ぶ中で友達が遊びに入ってくるなど、気持ちやイメージを共有する場面が多くなっていきます。個々のイメージからみんなのイメージへ変化していく姿も見られます。

造形のPOINT
ごっこ遊びの継続・展開

日常的に楽しんできたロボットごっこが、ロボット研究所や劇遊びにしぜんとつながっています。楽しみながらイメージを広げ、周囲と協力して創造していく力は、生活を楽しく創り出す、主体的な姿勢を育てます。

それぞれのイメージで楽しむ

ロボット研究所

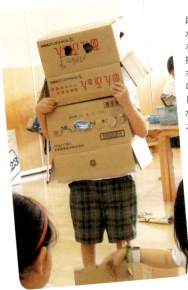

段ボール箱に穴をあけてかぶってみると…「ロボットだ！」「ぼくはお掃除ロボット」「恐竜ロボット！」とそれぞれのロボット作りが始まりました。ボタンで動く、羽が付いているなど、イメージは様々です。

すっぽりはまったよ！

実践のヒント
友達とのイメージがぴったりと合わなくても、「何となく分かる」「一緒だと何だか楽しい」と思える経験をたくさんすることが大切です。

自分のロボットができあがると、保育室に"ロボット研究所"コーナーがつくり、たくさんのロボットが生まれていきました。

環境・援助のPOINT

自分の思いを伝え、友達の思いを知る

一人ひとりの思いが認められて、自分のイメージが形になると、次は周りが見えてきます。友達から刺激を受けたり仲間の意見を受け入れたりできるような援助が必要になってきます。自分の思いを伝えられる、友達の思いを聞ける環境をつくっていきたいですね。

1学期から楽しんでいたロボットごっこ。保育室の一角の"ロボット研究所"に子どもたちのひらめきから、研究アイテムが増えていきます。

友達がおうちでパソコンを作って来てくれて、研究所の仕事もサクサク進むようになりました。

ロボットになるための準備、完了！

学期をまたいで遊びが展開

実践のヒント

たくさんの遊びの中から、ロボットごっこが研究所に発展。自分たちで考えてアイテムを増やし、遊びを充実させていく子どもたちを支えるためには何ができるだろうと、保育者も陰で考え続けます。

普段の遊びでロボット研究所を楽しんできた子どもたち。劇遊びでは、ロボットの出てくる物語を楽しみ、より遊びのイメージが広がっていきます。

5歳児のごっこ遊びで大切にしたいこと

友達と共通の目的をもって遊ぶことを楽しむ

　5歳児になると一人ひとり、自分のイメージがはっきりとしてきます。そして、それぞれがもつ「こうしたい！」という思いを自分たちでつなげていく姿も見られるようになります。イメージに多少の違いがあっても、この遊びをみんなでやりたいという共通の目的に向けて遊ぶ姿が見られます。

丸いクヌギとマツボックリを組み合わせて、5歳児のケーキ屋さんが開店。お店屋さんのやり取りから異年齢の関わりが広がります。

研究してるの！

懐中電灯で壁に手の影を映す遊びから発展。OHP機器を提示すると、影と光の実験に熱中する姿が見られました。

友達とのやり取りを通してストーリーが生まれる

　一人ひとりのイメージを形にしていく過程で、子どもたちは言葉や体全体を使った表現で仲間とやり取りをします。どうしたら自分の思いが仲間に伝わるだろうかと試行錯誤しながら遊びが進んでいきます。その中で気持ちを調整しながらみんなで方向性を決めて「じゃあ、こうしようよ」とストーリーが生まれていきます。

ストーリーに沿って遊ぶことを楽しむ

　空想の世界であっても、どうしたら本物に近くなるのか、どうしたら自分たちのイメージ通りになるのか、みんなで考えながらごっこ遊びを展開していきます。みんなでつくり上げていくストーリーに沿って、作ったり考えたりしていくことで、仲間意識も高まっていきます。大人のイメージを先行させることなく、子どもたちと一緒に楽しみながら援助していきましょう。

ものとの関わり

イメージを実現するための援助

　本物らしさにこだわり、作り上げる姿を支えましょう。保育者のイメージが強くなり過ぎないように、できあがりにとらわれないように配慮しましょう。

クレープ屋さんを展開していると、子どもたちのイメージから「お風呂屋さん」が併設！ それぞれの思いを大切に見守ります。

「お風呂に入りながらクレープが食べられるんだ」と2つのごっこ遊びがつながります。

魔女の家づくり。布で屋根を付けたり、といで家を広げたり、遊びが更に展開し、友達との関わりも増えていきます。

遊びの場の環境

本物らしさをかなえるための援助

　平面的な構成から立体的な構成になるように屋根を付けたり天井を意識したりと、本物らしくしたいという気持ちが強くなり、作りたいと挑戦していきます。異年齢児とも関わりながら、ごっこ遊びが展開されていきます。

仲間との関わり

共通の目的に向けて遊びが展開できる援助

　友達と力を合わせて目的を達成できるように援助します。すれ違いやトラブルが起こる時もありますが、保育者は調整役となり、自分たちで解決できるようにしていきましょう。

配達しま〜す

ホテルの受付。友達とホテルに必要な物について意見を出し合い、備品をそろえていきます。

149

第4章 ごっこ遊びで表現する

イメージを共有 / 仲間との関わり

遊びも仲間との関わりも広がる

イメージを共有して遊びに目的をもつようになることで、人間関係が広がり、遊ぶ内容に深みが出てきます。遊ぶ場を考えてつくったり、細かなことまで考えたりするなど、遊びの質が高まっていく様子が見られます。異年齢児も集まり、交流が始まります。

造形のPOINT
遊びの深まり

美容室の場所をつくり、カツラを作るなど現実に近づけて遊ぶ5歳児たち。日頃の保育で「多様な素材と関わる」「工夫して作る」などの表現を心がけた経験が反映され、イメージを実現することで、遊びが深まっています。

役になりきって

美容室

保育室の中に自分たちで、美容室の場所をつくります。

すてきになりますよ

秋頃に園庭で始まった美容室ごっこ。だんだんと寒くなってきたため保育室内にオープン！　役に分かれて遊びます。髪を切ったり接客したり大忙し。

似合うかな？

実践のヒント

園庭でのごっこ遊びも寒くなってきたからおしまいではなく、室内に移ればいいと考え、遊びが展開されていきます。子どもたちのイメージや思いが形になっていくことに共感しながら陰で支えたいですね。

カツラもあります。三つ編みにしたりリボンを付けたりして、おしゃれなカツラを作っています。

環境・援助のPOINT
異年齢で関わるきっかけづくりを

看板を作る、チラシを作る、お客さんを呼び込むなど、他クラスや異年齢児への工夫も出てきます。興味をもっている周囲の子どももいるでしょう。アプローチはその時の流れにもよりますが、みんなで楽しめる動線やスムーズに遊びが進むための配慮を考えたいですね。職員間での情報共有も大切です。

レストラン

メニュー表もあると良いよね

紙テープをちぎって水と混ぜて作る「色水遊び」が盛り上がり、ジュース屋さんが始まりました。

異年齢で関わる

チラシの値段を切り取って、値札として使うことに。子どもたちのアイディアや発想を見逃さないようにしたいですね。

他の年齢の子どもたちがお客さんとしてお店に！ ジュース、ドーナツ、ピザとにぎわいのあるレストランになりました。

151

第4章 ごっこ遊びで表現する

本物にふれる｜遊びの広がり｜仲間との関わり

本物にふれる経験も！

子どもたちは生活の中にある「本物」を使ってみたいという憧れがあるのでしょう。使わなくなったパソコンや携帯電話などの本物も、どのように使うのか、遊びのきっかけとして提供してみるのもいいでしょう。興味を示さない場合もあることを念頭に！

造形のPOINT
本物に触れる

本物らしさやリアリティーを求める5歳児のごっこ遊び。本物の機器や知識に触れる好奇心が大きく膨らみます。大人が先回りせずに、子どもたちの気付きや疑問、発想をワクワクとともに楽しみながら支えましょう。

お仕事ごっこ

本物にふれる

遊びのきっかけになるかな？　と、5歳児クラスの共有スペースに使えなくなったパソコンや電話機などの道具を置いてみると、何かひらめいたように目を見開く子どもたち。段ボール板や机などを準備し始めました。

実践のヒント

様々な遊びがつながる日もあれば、全く別々の遊びとして広がる日、そして新しいごっこ遊びの環境が出現する日もあります。その日その日で遊びの姿や顔ぶれも変わっていきます。

「お仕事のパソコンみたい！」「いろいろな機械があってかっこいい」と、オフィスのように配置してお仕事ごっこが始まりました。

環境・援助のPOINT
その日その日の遊ぶ姿に寄り添う

毎年恒例の遊びも今年の5歳児はどうだろう、仲間関係は？と、目の前の子どもたちの興味・関心に合った遊びを展開したいですね。保育者も複数の目で多角的に遊びを考える機会をもちましょう。興味・関心や遊びの内容などの進化に合わせて環境を変更するなど、振り返り、寄り添う姿勢が求められます。

街探検・標識探し

遊びが展開していく

2学期後半に盛り上がった"標識探し"から「また探しに行きたい」と街探検がスタート。見つけた標識を撮影します。

ここにもあるよ

自分たちで撮った写真を貼って標識ポスター作りへ発展していきます。

4歳児に興味が広がる

5歳児から借りた標識ポスターを見て、興味が湧いたり、5歳児に説明をしてもらったりした4歳児。年齢を超えた関わりがしぜんとできています。

「このマーク知ってる！」「おうちの近くで見たことある！」

保育者の用意した小さな紙を使って自分たちで考えた標識作りに遊びが広がっていきます。

153

第4章 ごっこ遊びで表現する

イメージを共有　遊びの広がり　仲間との関わり

想像の世界で遊び込む

「○○になりたい」という思いから始まる遊びもあります。アイディアや作りたいもの、やってみたいことなど、5歳児はあふれんばかりの勢いをもっています。子ども同士の横のつながりを大切にし、つもりになって遊び続ける経験をしてほしいですね。

造形のPOINT
思いを尊重

自分たちの思いを実現するために、調べたり、試したり、知恵や技を合わせ、夢中になって遊び込む子どもたちの姿を頼もしく感じます。子どもたちの思いを尊重して、子ども主体の園生活を展開できる保育になるようにしていきたいですね。

魔女ごっこ

遊びのグループがつながる

ハロウィンの時季。「おうちでパーティーをしたんだ」「魔女の服とか着たよ」そんな会話から、園で魔女ごっこが始まりました。

魔女のマントがほしい！

魔女の仕立て屋さん。マント作りも始まります。

これまで園で遊んできた知恵や技を総動員して遊ぶ子どもたち。つもりになるために必要な物は一緒に準備していきます。

いろいろな実や葉を集めてスープ作り。この後、隣のクラスのジュース屋さんともつながり、魔女たちがジュース屋さんを行き来しながら楽しみました。

魔女のスープを作ろう

環境・援助のPOINT
社会で生きる力につながる

友達と共有して発展するごっこ遊びの経験は、社会で生きる大きな力になります。そのイメージを大切にしつつ、場所・物・会話を支えていきましょう。互いのことを認め合い、クラスのつながりを感じて遊びが深まるように援助していきます。つもりになるための環境もできるだけかなえたいですね。

「ハロウィンパーティーがしたい!」という思いから始まった5歳児の魔女ごっこ。いろいろな体験を積んだ5歳児たちは、素材や道具を選び取って自分のイメージを実現できるようになります。

実践のヒント

イメージが広がって、作ることが追い付かない場合もあります。「明日もやろうね!」と続きができるような環境を子どもたちと一緒に整えましょう。

「魔女が好きなものはコウモリとトカゲだよ」と、知っていることを披露し合うことが、この遊びの楽しみの一つ!

魔女の家づくり。布は場もイメージが広がる素材であり、いろいろな素材を体験してくると、布の扱いも上手になってきます。また、遊びの拠点があることで、互いの思いが発揮しやすくなります。

援助のヒント

クラスの集まりの時に「こんな遊びをしている」と伝え合う機会をもつといいですね。別々のグループで遊んでいた子どもたちが一緒に活動するなど、つながるきっかけになります。

155

保育者が変われば

造形の深まりを考える中で…

「子ども主体の保育がしたい」「もっと日常の遊びを大事にしたい」「今の保育を変えたい」そんな思いを抱く保育者は多いことと思います。しかし、実際には既存のカリキュラムに追われたり、忙しい日々の中で着手するのは大変なことでしょう。

保育のイメージを共有する

　園の保育を変えていくことは一人の保育者だけでは難しく、同じ思いを数人の保育者が共有できるといいですね。しかし、保育を変える必要感は保育者間でも多少の温度差があるものです。様々な実践を見聞きしたり、他園を見学させていただく、公開保育に参加するなどの機会をもつと、こんな保育がしたいというイメージが共有され、現状を変えていく大きな原動力になっていきます。

身体表現の園内研修。日々の研修で誰もが発言しやすい雰囲気づくりを心がけ、考えの共有をしています。

はじめはコーナーの環境から…

　谷戸幼稚園では、保育を変えていく第一歩として、園庭の片隅に遊びのコーナーを出すことから始めました。たとえば、空き箱や空き容器などを用意しておくと、興味を示した子が思い思いに遊びに取り入れ、やがて、プリンカップや小箱に小石を入れたり、木の枝などで音を出したりして遊ぶ姿が見られるようになりました。その遊びが保育室での楽器遊びになるなど、園庭での子どもの自発的な遊びが少しずつクラスの活動につながっていきました。
　急がずに、できるところから工夫をしていくことが、みんなが安心して新しい変化を楽しめる秘訣ではないかと思います。

園が変わって子どもが育つ

理想と現実は簡単に一致するものではありませんが、それでも少しずつそこに近づくように努力することは保育者の使命でもあるように思います。谷戸幼稚園では、職員間での共有から園全体で保育を考えられるように少しずつ取り組んできました。そんな取り組みの一部を紹介しますので、参考にしていただければと思います。

一人ひとりの個性を見つける

一斉に同じものを描いたり作ったりと手法が決められている活動であっても、一人ひとりの個性が光る部分は必ずあるものです。また、描いたり作ったりしている様子をよく見ていると、それぞれの子どものこだわっているところや、どんな気持ちで取り組んだのかが分かります。その子らしさを見つけて認めること、また、子どもの表現のおもしろさを同僚や保護者にも伝えていくことで、保育に対する周囲の見方が少しずつ変わっていくのではないでしょうか。

子どもが描いた描画の読み取りについて園内研修をしている様子。

保育を伝える力をつける

子ども主体の遊びや生活を大切にした保育は、即効的にその成果が見えるものではありません。むしろ保育者の指示通りに製作した物のほうが見栄えはするし、様々な技能を教え込むほうが表面的には教育効果があるように見えるでしょう。

このような誤解を生まないためには、園の方針をしっかりともち、保育者自身が保護者に対して説明できる言葉をもつことが必要です。様々な保育雑誌や書籍、研修会などで知識を得て、自分の実践に理論的な裏付けをし、保育の取り組みが子どもたちにとってどのような意味があるのかを伝えられるようにしましょう。

様々なつながりを考える

保護者や保育者間だけではなく、育ちがつながっていく小学校との連携、また地域や研究者とのつながりについて、考えられるといいですね。

保育者同士がつながる（同僚性）

　同僚とつながること、すなわち保育者同士がつながることは、仕事をスムーズに進めるために必要なことであり、子どもたちにとって何より大切なことです。保育者同士の"阿吽の呼吸"は保育中に役には立ちますが、「仲が良い」と「つながる」ことは少し違うように思えます。保育の中での同僚性は保育者が子どもを大切にしていることと同じではないでしょうか。保育者一人ひとりが大切にされ、好きなことを伸び伸びとできることが保障される、そしてそのための環境が用意される。保育者同士が互いを認め合う保育者集団であってほしいと思います。

保護者とつながる

　家庭との連携・保護者支援は、幼稚園教育要領・保育所保育指針などでも述べられているように、様々な面で必要です。保護者に対する支援もなくてはならないものです。しかし、園での表現活動では保護者から力や知恵を借りる、つまり保護者からの支援をお願いすることも多くあるのではないでしょうか。園と保護者は保育の両輪です。子どもたちのより良い生活のために"一緒にやってみよう"という意識をもってつながっていきたいと思います。

地域とつながる

　「地域に開かれた」という言葉も最近よく耳にするようになってきました。地域の方々の力を借りたり、子どもたちが地域に出て行ったりと往来が行なわれていることでしょう。地域の資源を活用させていただく、散歩道やお店の方との交流など、いろいろな関わりがもてます。地域とのつながりも保護者とのつながり同様、一方的にならないように心がけていきましょう。

研究者とつながる

研究者と聞くと大ごとに考えてしまうかもしれませんが、保育現場と大学などの研究機関が手を結ぶことで、実践研究を行なうなど良い点がたくさんあります。造形や表現、その際の環境構成など、保育者の専門性と研究者の専門性を生かして実践を考えていくと課題が見つかったり、新しいことへと活動が広がっていったりします。園として更に成長へとつながる一歩として、様々な機関とつながる機会をもってほしいと思います。

小学校とつながる（幼小連携）

5歳児の担任と1年生の担任が一緒に企画会議をする様子。

それぞれの園での遊びを通した生活カリキュラムが、小学校に入ると順番通りに自覚的に学ぶ教科カリキュラムになります。当たり前のようですが、そこには"大きな段差"があって子どもたちがギャップを感じ、幼児期に培った力を生かしきれないでいることも多いため、今、幼保小の連携が様々な角度から検討されています。

令和4年度から文部科学省が掲げた「架け橋プログラム（5歳児から小学校1年生の2年間の接続期）」の成果もあり、最近は近隣小学校との交流や連携も多くの園で行なわれるようになり、アプローチカリキュラムも意識されるようになってきました。しかし、小学校の学習の先取りであったり、机に座る練習であったりと、間違った方向に捉えられている事例も耳にします。

就学前教育で求められていることは、小学校の学習を先取りすることではなく、幼児自らが主体的にもの・人・ことの周囲の環境に関わり、幼児期ならではの遊びや生活を通して、自分に信頼を寄せることのできる経験をたくさん積むことでしょう。また、幼児期に培った経験が学校生活でも生かせるように、園生活を小学校の先生方に紹介することも必要ではないかと思います。

おわりに

　刊行にあたり、実践の提案について子どもたちと意欲的に取り組み、取材させてくださった協力園の皆様に心より感謝申し上げます。そして、元気に生き生きと「感じ、考え、行動」して、いろいろなことに気付かせてくれた子どもたちにたくさんの「ありがとう」を伝えたいと思います。

　監修の平田智久先生は、大学等で教鞭をとるかたわら、50年以上にわたって全国の保育現場で保育者の皆様や子どもたちと「感じて、考えて、行動する」主体的な子どもを育てる造形保育を実践し、その理論を提唱されました。先生の周りにはいつも子どもたちの笑顔と喜びがあふれていました。

　平田先生と共に、実践研究を進めてきた池田純子、伊藤裕子、小野 和による『月刊 保育とカリキュラム』の6年間にわたる連載を、この度、新たな視点でまとめ、刊行することができました。豊かな保育実践の展開につなげていただければ幸いです。最後になりましたが、貴重な機会とご尽力をいただいたひかりのくに書籍編集部の松尾実可子氏、井家上 萌氏に心から御礼申し上げます。

小野 和

監修
平田智久（ひらた ともひさ）
十文字学園女子大学名誉教授、幼児造形教育研究会名誉会長
※ P.8-9（幼児造形教育研究会「研究員のための研究講座：平田塾」での平田智久による講演の内容を基に加筆修正を加えて執筆）

監修
小野 和（おの かず）
東京成徳大学を経て、現在、松蔭大学 コミュニケーション文化学部 子ども学科 特任教授
※ P.10-19, 造 形 の POINT,column, 造形の深まり, おわりに

写真・実践協力園
谷戸幼稚園（西東京市）
あゆみ幼稚園（横浜市）
頌栄保育園（東京・杉並区）
頌栄しらゆり保育園（東京・杉並区）

編著
池田純子（いけだ じゅんこ）
立教女学院短期大学、淑徳大学短期大学部を経て、現在、敬愛短期大学現代子ども学科 准教授
※ はじめに, 第1章 ～ 第4章（章扉含む）,P.158-159 巻末

編著
伊藤裕子（いとう ゆうこ）
谷戸幼稚園 園長（東京・西東京市）
※ 第1章 ～ 第4章, P.156-157 巻末

●参考・引用文献
・『最新保育講座⑪保育内容（表現）』平田智久・小林紀子・砂上史子 編（ミネルヴァ書房）.2010
・『毎日が造形あそび　0～5歳児：感じて考えて行動する子どもを育てる』平田智久 監修（学習研究社）.2008
・『すべての感覚を駆使してわかる乳幼児の造形表現』平田智久・小野 和 編著（教育情報出版）.2020
・『〈感じること〉からはじまる 子どもの造形表現 理論と実践事例から学び、考えよう』平田智久 監修、小野 和・宮野 周 編著（教育情報出版）.2022
・幼児造形教育研究会「研究員のための研究講座：平田塾」資料　平田智久
・『よくわる造形のこんな時どう?』神長美津子 監修・編著（ひかりのくに）.2017